Julia A. Kris

Liebe Supermami, du kannst mich mal!

Leben mit Kleinkind

Buch:

Ehrlich und humorvoll behandelt die Autorin die verschiedenen Themen, die einer Erstlingsmama mit Kleinkind immer wieder begegnen und die ihr das Leben schwer machen.

Ob allgegenwärtige Promimütter, Kritik aus den eigenen Reihen oder die unendliche Flut an guten Ratschlägen - Mütter kostet dies nicht selten den letzten Nerv. Als wäre das nicht genug, nährt all das auch noch ein ständig schlechtes Gewissen und schürt eine unerfüllbare, selbstauferlegte Erwartungshaltung. Doch die Autorin macht schnell klar: Mütter sind nicht perfekt und müssen es auch gar nicht sein ...

Julia A. Kris

Liebe Supermami, du kannst mich mal!
Leben mit Kleinkind

Sirka Gräfin v. Wilamowitz-Moellendorff
Bauhofstr. 8
85774 Unterföhring
kontakt@julia-a-kris-books.de

Copyright © 2015 by Sirka Gräfin v. Wilamowitz-Moellendorff
Umschlaggestaltung Gerrit Hansen / www.ohnekopf.de
Lektorat Martina Madlmayr, ma_ma1406@hotmail.com
Herstellung und Verlag BoD - Book on Demand Norderstedt

ISBN 978-3738654783

Inhaltsverzeichnis

Vorwort

Wie fast alle Mütter startete ich die Elternschaft mit dem guten Vorsatz, mich nicht unter Druck setzen zu lassen. Und bevor ich mich versah, machten mir nicht nur schlaflose Nächte und lange, anstrengende, aber natürlich auch schöne Tage zu schaffen, sondern auch die eigene Unsicherheit.

»Ist das normal?«
»Bin ich eine gute Mutter?«
»Mache ich das auch richtig?«

Vermeintliche Supermamis, die eigene Familie, wildfremde Menschen im Bus und gute Freundinnen - jeder fühlte sich dazu berufen, „seinen Senf" dazu zu geben. Und während ich noch versuchte, alles richtig zu machen, musste ich aufpassen, dass ich nicht auf der Strecke blieb.
Zusammengefasst: Ich war und bin ganz weit davon entfernt, eine Supermami zu sein.

Sätze wie: »Du verwöhnst dein Kind zu sehr.«, »Du bist eine Glucke!« oder »Warum tust du dir das an?« verfolgten mich wie schlechte Musiker in der

Einkaufspassage. Niemand möchte sie hören, aber man kommt nicht drum herum, sie sind immer da, ob es einem gefällt oder nicht. Dazu kam noch das Unverständnis kinderloser Freunde, dass man nicht mehr ständig Zeit für sie hat. All das zerrte an meinen Nerven.

Und noch etwas musste ich sehr schnell lernen: Lächle nie ältere Frauen im Bus an! Nie!

Denn während dein Kind quengelnd nach seinem Spielzeug verlangt, sehen sie dich als wehrloses Opfer für ausufernde Vorträge über Erziehung, Schlafen, den Öko-Quatsch und die gute alte Hausmannskost.

Da eine Antwort in einem solchen Fall grundsätzlich weder erwartet noch erwünscht wird, hält man ergeben die Klappe und sieht vor seinem geistigen Auge die unterschiedlichsten Möglichkeiten vorbeiziehen, diese Personen aus dem Bus zu befördernden. Während der Fahrt ...

Aber wenigstens macht das permanente, leicht abwesende Lächeln die Situation für alle etwas erträglicher.

Das kommt dir bekannt vor? Dachte ich mir.

Also Hand aufs Herz. Du würdest sicher auch gerne mal laut schreien:

»Haltet doch einfach mal die Klappe! Ich bin durchaus dazu in der Lage, mich um mein Kind zu kümmern, ohne dass ihr alles kommentiert, zerredet und besser wisst.«

Und wenn du künftig wieder genau an diesem Punkt bist, denk einfach daran:

»Du bist nicht allein!
Milliarden Mütter denken genauso wie du.«

Ist es nicht schön, Mama zu sein?

Mama zu sein ist etwas ganz Wundervolles. Vor allem in der Theorie, bevor uns der Alltag mit unserem kleinen Schützling eingeholt hat.

Wir haben gespürt, wie ein kleines Wesen in unserem Bauch herangewachsen ist. Haben die Tritte und Bewegungen wahrgenommen. Wir wissen, wie es ist, unser komplettes Leben umzustellen für einen Menschen, den wir noch nicht einmal im Arm gehalten haben. Wie es sich anfühlt, wenn aufgrund des entstehenden Lebens unsere Hormone so verrückt spielen, dass wir bei einer Windelwerbung heulend vor dem Fernseher sitzen. Und da hat das eigentliche Abenteuer noch nicht einmal begonnen.

Denn wenn wir nach überstandener Schwangerschaft und Geburt erleichtert aufatmen wollen und denken, dass wir uns jetzt etwas erholen können, finden wir uns mitten im »Baby-Survival-Camp« wieder:

- Schlafentzug
- Ein Körper, der sich auch nach der Geburt nicht anfühlt, als wäre er unserer
- Der nahezu vollständige Verzicht auf Freizeit

- Die Belastungsprobe für jegliche Beziehung, ob Partner oder Freundschaften
- Unsere Karriereaussichten, die - wie wir spätestens beim Wiedereinstieg in den Beruf erkennen müssen - rapide gesunken sind

Aber irgendwie werden wir das Gefühl nicht los, dass wir trotz allem immer lächeln und bloß kein negatives Wort verlieren sollen.

Doch jede Mutter hat die Erfahrung gemacht, dass genau das sehr oft nicht leicht ist. Ob sie es nun laut ausspricht oder nicht. Das Elterndasein bringt uns an unsere Grenzen.

Die wenigstens Frauen sind »geborene Mütter«.

Nicht jede von uns hat als Kind gerne mit Puppen gespielt, oder »Vater-Mutter-Kind«.

Ich zum Beispiel - ich wollte die Welt retten, statt in der Puppenküche in Töpfen zu rühren. Und ich durfte es auch.

Lange kam für mich ein Hausfrauen- und Mutterdasein der Verbannung gleich. Zuhause herumsitzen, fernsehen, etwas kochen und bügeln. Für mich nicht erstrebenswert. Ich wollte arbeiten, selbst Geld verdienen, auf keinen Mann angewiesen sein.

Und Kinder? Mal sehen. Irgendwann dann, vielleicht ...

Wie viele andere bin ich nicht in einer Großfamilie aufgewachsen. Hierzulande sind diese auch recht spärlich gesät. Meine Erfahrung mit Säuglingen beschränkte sich auf die gelegentlichen Kontakte mit meinem kleinen Halbbruder und die Windelwerbungen aus dem Fernsehen.

Unerfahren und naiv, wie ich also zum Zeitpunkt meiner beginnenden Mutterschaft war, dachte ich mir noch:

»Das kann doch alles nicht so schwer sein.«

Hätte ich vorher gewusst, dass vor dem Organisationstalent so mancher Mutter ein Spitzenmanager seinen Hut ziehen könnte, hätte ich dem Job »Hausfrau und Mutter« wohl wesentlich mehr Respekt gezollt.

Letztendlich wusste ich es aber nicht besser, und mein Augenmerk lag wie das vieler anderer darauf, mich in unserer Leistungsgesellschaft zu beweisen. So wurde ich dann recht unsanft auf den Boden der Tatsachen geholt. Zwar beherrschte ich als künftige, gut informierte Mutter die angelesene Theorie, aber die 24-Stunden-Praxiserfahrung hat mich dann doch ziemlich überwältigt.

Rückblickend interessant ist, dass ich mit meiner vorhergehenden Meinung über das Muttersein falsch lag, denn es macht mich glücklich, eine Mama zu sein. Ich habe zwar Tiefpunkte und »Was wäre gewesen, wenn«-Szenarien, die mir morgens um vier durch den Kopf schießen. Dennoch hat es mein Leben auf eine positive Art bereichert und besser gemacht.

Dieses Gefühl begleitet uns aber die ersten Wochen, Monate und vielleicht sogar Jahre nicht immer. Bindungsschwierigkeiten, Depressionen oder auch stundenlanges Schreien können uns jegliche Kraft nehmen. Sogar das liebste Kind der Welt kann uns den letzten Nerv rauben, wenn wir vor lauter Umsorgen und Lieben nur noch »auf Reserve« laufen.

Doch es ist keine Schande, sich selbst und anderen einzugestehen:

»Egal, wie glücklich wir als Mutter sind,
wir alle haben unsere Tiefpunkte.«

Aus dem Nähkästchen:

Die Geburt meiner Tochter, oder vielmehr der Augenblick, als ich erfahren habe, dass sie existiert, hat mein komplettes Leben verändert. Es hat auch mich verändert. Ich habe unzählige Bücher gelesen, von denen ich mir die meisten hätte sparen können. Ich habe mir Gedanken gemacht, wie ich mein Kind ernähren und erziehen möchte. Was für ein Vorbild ich sein möchte.

Bis zu dem Zeitpunkt, als ich das kleine Wesen in meinen Armen hielt, hatte ich ihr Leben schon bis zu ihrem Auszug von zu Hause durchgeplant.

Tja, und dann?

Tschüss Träume! - und willkommen in der Realität! Ich wurde mit dem Alltag konfrontiert, und mein Gehirn schaltete auf den »Notfall-Überlebensmodus«.

Ich träumte nicht mehr von der weit entfernten Zukunft, sondern von meinem Bett und Schlaf.

Wir leben in einer Gesellschaft, in der erwartet wird, dass wir alles strukturieren, planen und im Griff haben.

Wer jedoch ein Kind hat, weiß:

»Man hat nichts im Griff. Man kann nur versuchen, das Chaos einzudämmen.«

Ich liebe meine Tochter. Dennoch habe ich unzählige Tränen vergossen. Wenn ich dann am Ende meiner Kräfte war, flüsterte mir die fiese Stimme des schlechten Gewissens ins Ohr:

»Was würden wohl die anderen denken, wenn sie jetzt kommen würden?
Dein Vater?
Deine Schwiegereltern?
Die Super Nanny?
Sicher steht bald das Jugendamt vor der Tür ...«

Irgendwann, als ich heulend auf dem Boden saß und mich für die schlechteste Mutter der Welt hielt, kam sie dann: die Einsicht. Manchmal muss man eben im wahrsten Sinne des Wortes ganz unten sein.

Was interessiert es mich eigentlich, was andere denken?
Will ich die ersten Monate meines Kindes mit Putzen verbringen? Will ich all den Aufwand betreiben, um für andere den Schein zu wahren?
Will ich in dieser Zeit unbedingt Menschen treffen oder zu mir einladen, die sowieso keinerlei Verständnis für meine jetzige Situation haben?
Nein! Denn diese Zeit kommt NIE wieder.
Ich sollte diese Zeit mit meinem Kind genießen und nicht in Gedanken mit fünfzig anderen Dingen beschäftigt sein.
Und vor allem sollte ich mir den Stress sparen ...

So schaffte ich es dann irgendwann, den Staubsauger ohne schlechtes Gewissen stehen zu lassen und mich auch geistig aus meinem alten Job zu verabschieden, der immer noch in meinem Kopf spukte. Nicht mehr an Projekte, Timings und Meetings zu denken. Dem Garten zuzusehen, wie er langsam verwilderte. Mich einfach mal treiben zu lassen.

Die tatsächliche Leistung einer Mutter wird am Ende der Mammutaufgabe, ein Kind groß zu ziehen, nicht an der Sauberkeit der Wohnung gemessen. Natürlich sollten die eigenen vier Wände nicht bis unter die Decke zumüllen, aber eine gewisse Grundordnung ist vollkommen ausreichend. Auch ohne dass man vom Fußboden essen kann.

Ich persönlich erinnere mich nicht daran, ob unsere Böden sauber waren oder alles aufgeräumt war. Ich erinnere mich an Ostereiersuchen im ganzen Haus, Plätzchenbacken, Kuscheln im Bett, wenn ich schlecht geträumt habe, und Blumenpflücken, bis ich den Strauß nicht mehr umfassen konnte.

Das sind die Momente, die wichtig sind, und die uns in vielen Jahren noch begleiten.

Manche Dinge muss man eben einfach zulassen, damit sie schön werden können.

Fazit:

Du musst keine Supermami sein und alles perfekt machen.

Die erste Zeit ist schwierig genug, ohne dass man sich noch unnötig dem Druck aussetzt, was andere denken könnten. Auch wenn der ein oder andere es nicht glauben mag: Der Haushalt kann warten.

Und wem's nicht passt, wie es bei uns aussieht, der kann draußen bleiben!

Jeder kennt Sie:
die Promi-Supermama

Sie springen uns förmlich an: perfekte Mütter. Rank und schlank, immer tadellos gekleidet. Die Haare sitzen wie frisch frisiert. Von Augenringen keine Spur.

Und scheinbar sind sie überall. Auf den Titelseiten der Klatschblätter, im Fernsehen und in den unendlichen Weiten des Internets. Nur wenige Wochen nach der Geburt stöckeln sie auf High Heels scheinbar mühelos von einem Blitzlichtgewitter ins nächste: Die Stars und Sternchen dieser Welt.

Ganz so, als seien Schwangerschaft und Geburt etwas, das man nebenbei erledigt, während man sich Interviews und Filmpremieren widmet.

Und wir, die »Normalo-Mütter«? Wir lächeln wohlwollend und wünschen ihnen doch innerlich die Pest an den Hals.

Wie ich 4 Wochen nach der Geburt aussah? Wie ein übergewichtiger Zombie, der statt nach Gehirnen auf Kaffeejagd war.

Nur dass Kaffee zu diesem Zeitpunkt noch auf meiner Liste der Dinge stand, die ich gerne gehabt hätte, aber nicht haben durfte. Leider bekommt der Nachwuchs nämlich den kleinen Koffeinkick beim Stillen auch gleich mitgeliefert. Das musste nun wirklich nicht sein. Also war ich vielmehr ein verhungernder Zombie, der mit letzten Kräften vorwärts kroch. Ein ziemlich trauriger Anblick.

Meine Zwergenimperatorin hielt ihr Zepter bereits fest in ihren kleinen Fäusten. Und sie erwartete Huldigung! Oder eben naturgemäß sehr viel Aufmerksamkeit.

Als hätte ich aufgrund der starken körperlichen Veränderungen, die Schwangerschaft und Geburt mit sich bringen, nicht ohnehin schon mit einem angeknacksten Selbstwertgefühl zu kämpfen gehabt ... Nein, um die Sache noch besser zu machen, sprangen mich in den wenigen freien Sekunden auch noch überall Bilder dieser - in Designerkleidern Größe 34 gehüllten - Sternchen an. Wohin ich mein Augenmerk auch richtete, sie waren da. Hatte ich es zuerst noch mit einem Schulterzucken abgetan, nagte es mit der Zeit doch an mir.

»Warum, verdammt noch mal, sehen die so gut aus? Und ich wie die kleine Schwester von Ursula, der Meerhexe?«

Irgendwann habe ich das Ganze etwas genauer unter die Lupe genommen, und siehe da? Was haben diese

Supermuttis, die uns schon runterziehen, bevor wir überhaupt wieder das Haus verlassen, denn so alles in petto?

1. Kindermädchen

Wie gerne hätte ich manchmal einen Menschen, dem ich vertrauensvoll meinen Sprössling in die Arme legen kann, während ich ... ja, was? Genau! Schlafe!

Und eben das leisten sich diejenigen, denen das nötige Kleingeld zur Verfügung steht, gerne einmal.

Natürlich könnte man jetzt aufschreien:

»Nein! Sowas könnte ich nie tun. Nie, nie, nie, ... Ein Kind braucht doch seine Mama.«

Der Meinung bin ich grundsätzlich auch. Aber jede Mutter - auch die Supermami - hat das Bedürfnis nach Schlaf und fünf Minuten für sich. Wenn man zudem einen Blick auf die Geschichte wirft, war Fremdbetreuung schon früher notwendig, weil Eltern ihre Familien ernähren mussten. Es geht hier ja nicht darum, sein Kind zur Adoption frei zu geben, sondern lediglich um ein paar Stunden Erholung.

Also, sei es den Promi-Supermamis gegönnt.

Und wenn der Ehemann sich in das Kindermädchen verguckt?

Hat die Promi-Mama natürlich unser vollstes Mitgefühl, oder?

Zudem lässt so etwas doch den kleinen, aber boshaften Teil in uns hoffen, und es sollte uns zusätzlich zu etwas mehr Selbstbewusstsein ermahnen. Denn so schlimm kann es schließlich nicht sein, wenn auch diese Frauen voller Babysabber, mit überquellenden Windeln in der Hand und von Kinderhänden zerzausten Haaren noch attraktiv genug sind, die Ehemänner der Stars auszuspannen.

2. Personal

Wickeln, Füttern und Sich-mit-dem-Zwerg-Beschäftigen, diese Dinge möchte sich natürlich keine Mutter nehmen lassen.

Aber was ist mit dem Rest?

Während wir die Berge an Wäsche bekämpfen, stehen der Promi-Supermami die helfenden Hände ihrer bezahlten, fleißigen Hauselfen zur Verfügung. Und so ist ein Großteil von dem, was uns graue Haare beschert, schon mal vom Tisch.

Wie einfach wäre doch unser Leben ohne den ständigen Kampf um Sauberkeit und Ordnung?

Wie viel freie Zeit hätten wir?

Wie entspannt könnten wir sein?

Genau, wesentlich entspannter!

3. Der Personal-Trainer

Hier ein paar Speckröllchen zu viel?

Da ist die Haut noch etwas schlaff?

Mit ihren persönlichen Sklaventreibern sind unsere Promi-Supermamis ganz schnell wieder in Form. Während wir gerade mal für Wäschekorbkniebeugen und Kinderwagenwalking Zeit haben. Der noch nicht so schöne Rest wird bei uns dann eben kaschiert, oder einfach ignoriert.

Es heißt ja nicht umsonst:

»Kommt 10 Monate und geht 10 Monate.«

Soweit die Theorie. Tatsächlich muss ich zugeben, dass meine Kehrseite auch nach besagten 10 Monaten immer noch etwas fülliger war als vorher.

Aber meinem Mann gefällt es und ich kann gut damit leben.

Zudem kann ich mir Schöneres vorstellen, als dass jemand in U.S. Army-Manier über mir steht und mich anbrüllt:

»Los! Beweg dich! Eine Kniebeuge noch!«

Dann doch lieber gemütlich am See sitzen und noch ein Eis genießen.

4. Hardcore-Diäten

Ohne ein gelegentliches Stück Schokolade als Seelentröster hätte ich die ersten Monate bestimmt nur schwerlich überstanden. Ab und an musste das einfach sein.

Nicht so bei den Promi-Mamis. Denn ihr Aussehen ist ihr Kapital, und da ist eiserne Disziplin gefragt.

Es wird aber auch gerne mal mit Hormonen und Appetitzüglern vom »Fachmann« nachgeholfen. Dass das alles andere als vorausschauend gedacht ist und jede Menge gesundheitliche, teilweise unabsehbare Folgen hat, dürfte eigentlich jedem klar sein. Aber im Licht der Öffentlichkeit heißt es eben: »The show must go on!«

Natürlich sollten wir nicht unbedacht alles in uns hineinstopfen, wenn wir unsere alte Figur wiederhaben möchten. Dennoch genieße ich es, zu essen, wenn ich Hunger habe, und mir keine Gedanken über den Zucker in meiner Limo zu machen. Eine bewusste und ausgewogene Ernährung ist zudem um ein Vielfaches gesünder als das Herunterhungern der Pfunde innerhalb weniger Wochen. Also, bloß nicht verrückt machen lassen!

5. Der Onkel Doktor

An manchen Körperstellen wollen die überflüssigen Pfunde trotz aller Anstrengungen einfach nicht purzeln - denn auch Promi-Mamis sind nicht vor sogenannten Reiterhosen, Cellulite und der Macht der Schwerkraft gefeit. Wo der Personal-Trainer und Diäten nicht mehr weiter kommen, hilft in dem Fall schnell und unkompliziert der Schönheitschirurg ihrer Wahl.

Schlaffe Brüste? Muss doch nicht sein!

Ein bisschen auffüllen, etwas straffen - und schon sieht alles wieder aus wie neu.

Und während wir uns in kneifende, hautfarbene Shaping-Unterwäsche zwängen, wird bei Mrs. Promi eben die eine oder andere Körperstelle direkt neu geformt.

Brust- und Bauchstraffung sorgen dafür, dass alles wieder da sitzt, wo es nach landläufiger Meinung hingehört. Fractional-Laser-Therapien lassen Kaiserschnittnarben und Schwangerschaftsstreifen verschwinden. »Fett-weg-Spritzen« und die verschiedensten Cremes sorgen für ein perfektes, ebenmäßiges Hautbild.

Über Geld spricht man natürlich nicht, aber günstig ist es mit Sicherheit nicht. Aber wenn das Aussehen das Kapital ist, greift man als Promi doch gerne mal etwas tiefer in die Tasche.

Man sollte jedoch auch im Auge behalten, wie eine Schwangerschaft den weiblichen Körper verändert. Und

nicht nur den Körper. Unsere Haltung und unsere Aus-
strahlung verändern sich. Wir reifen und betreten eine
neue Entwicklungsstufe. Warum also verzweifelt etwas
hinterher eifern, was uns gar nicht mehr entspricht?
Unsere Kurven dürfen weicher sein, unser Lächeln liebevoller und ehrlicher. Denn wir sind Mütter, und das
strahlt eine ganz eigene Weiblichkeit und auch Erotik
aus.

Natürlich macht es niemanden zu einer schlechten
Mutter, nur weil man sich in seinem Körper nicht mehr
wohl fühlt und die Fortschritte der heutigen Medizin
nutzt. Solange es für einen selbst ist und nicht für jemand
anderen, darf man auch als »Normalo-Mutter« ohne jegliches schlechtes Gewissen diesen Schritt in Erwägung
ziehen.

6. Das persönliche Wellnessprogramm

Mal ehrlich: Wann warst du zum ersten Mal beim Friseur, nachdem der Familienzuwachs die Herrschaft über-
nommen hat?

Bei mir hat es über 6 Monate gedauert ...

Dazu kam noch, dass die wallende Haarpracht aus der
Schwangerschaft sich unaufhaltsam im Abfluss der
Dusche davonmachte. Zeitweilig hatte ich wirklich
Angst, ich würde irgendwann aussehen wie ein räudiger
Hund mit den entsprechenden Löchern im Fell. So weit

kam es dann Gott sei Dank doch nicht. Trotzdem sah mein früherer Stolz ziemlich mitgenommen aus. Glanzlos, splissig und einfach traurig. Der erste Friseurbesuch machte es dann allerdings auch nicht viel besser, da meine fast hüftlangen Haare hinterher plötzlich nur noch bis knapp über meine Schultern reichten.

Soviel zum Thema: »Bitte nur die Spitzen!«.

Und was immer mich geritten hat, mir einen Pony schneiden zu lassen, ich weiß es bis heute nicht - aber es wird mich auf ewig auf meinen Hochzeitsbildern verfolgen ...

Ein Vogelnest auf dem Kopf und eine Haut, die ganz dringend mal eine Feuchtigkeitsbehandlung nötig hätte ...

So ging es sicher nicht nur mir.

Die Promi-Supermami hingegen gönnt sich die Annehmlichkeit einer Auszeit dann schon des Öfteren.

Bevor der erste Fotograf auch nur an den Auslöser seiner Kamera denken kann, wird gepeelt und massiert, verwöhnt, maniküurt und pediküurt, geschminkt und zurechtgezupft.

So viel Zeit und Geld habe ich nicht mal vor der Schwangerschaft in mein Äußeres gesteckt, geschweige denn danach. Zudem bin ich sehr froh, dass ich mir keine Gedanken machen muss, ob jede Haarsträhne richtig sitzt oder ob ich das Kunstwerk, das der Visagist in mühevoller Feinarbeit auf mein müdes Gesicht gezaubert hat, soeben ruiniert habe, weil meine Nase gejuckt hat.

Es gibt natürlich gute und schlechte Tage. Und wenn die Augenringe mal wieder bis zum Kinn reichen, wissen die Leute in meinem Umfeld mittlerweile, dass sie mich vor meinem fünften Kaffee besser nicht ansprechen sollten. Das dient durchaus auch der allgemeinen Sicherheit und dem Überleben meiner Mitmenschen.

7. Der Kleiderschrank

Nachdem ich aus dem Krankenhaus wieder zu Hause war, hatte ich, wie bereits erwähnt, noch einige Pölsterchen auf den Hüften, aber weder die Zeit noch das Budget für ausgiebige Shopping-Touren.

Was habe ich also gemacht?

Klar, einfach die super bequemen Umstandssachen noch ein wenig weiter getragen. Zu Hause sah das ja sowieso keiner.

Natürlich gibt es die ein oder andere Mama, die in der Schwangerschaft nur 12 Kilo zunimmt und innerhalb von 4 Wochen wieder in ihre alten Jeans passt. Bei mir waren es aber 30 kg, und nach 4 Wochen war ich noch ganz weit von meiner alten Kleidergröße entfernt. So durften für den Sommer ein paar Maxikleider meine etwas spärliche Garderobe ergänzen, denn erstens kaschieren sie wunderbar jene viel zu langsam verschwindenden

Rundungen und zweitens sind sie einfach bequem. Zudem tragen sie sich mit 80 kg ebenso angenehm wie mit 60 kg.

Und die Supermamis aus den Klatschblättern? Deren Kleiderschrankinhalt kostet mehr als so manches Einfamilienhaus. An Zeit und Geld mangelt es wohl auch nicht, um etwas Passendes zu finden, das der vorübergehenden Figur schmeichelt. Aber ehrlich? »Vorübergehend« ist hier das Zauberwort. Dieses Geld könnte man ganz sicher besser investieren.

8. Ein gutes Bildbearbeitungsprogramm

Manchmal packt dich trotz aller guten Vorsätze aber doch der Neid auf die falten-, dellen- und streifenfreie Haut der Stars? Dann rufe dir das nächste Mal Folgendes ins Gedächtnis:

Kein einziges dieser Bilder, die uns täglich anspringen und uns den Sexy-After-Baby-Body vorgaukeln, ist unretuschiert.

Hier ein wenig Porzellanteint hinzugefügt und ein paar Augenringe weggemogelt. Da eine unliebsame Falte im Kleid entfernt. Und bevor man sich versieht, strahlt die

Promi-Supermami uns an, als wäre sie auf dem direkten Weg zum nächsten Laufsteg oder Filmset.

Stellen wir uns also zusammenfassend folgende Fragen:

Können wir uns eine 24/7 Nanny leisten – und wollen wir das überhaupt?

Haben wir, abgesehen von einer geduldigen (Schwieger-)Mutter oder sonstigen Verwandten/Bekannten, jemanden, der uns die erste Zeit wirklich so entlastet, dass wir einfach die Füße hochlegen könnten?

Wollen wir uns quälen, schwitzen, hungern und uns überwachen lassen, nur damit die Pfunde in Rekordzeit purzeln, anstatt uns einfach mit unserem Nachwuchs auf der Couch zusammenzurollen und unser wohlverdientes Mittagsschläfchen abzuhalten?

Wollen wir wirklich an uns rumschnippeln lassen, um für andere Leute besser auszusehen?

Haben wir die Zeit und das Geld, um uns regelmäßig ein Wellnessprogramm zu gönnen?

Sind wir bereit, Geld für eine komplette, neue Garderobe auszugeben, die wir dann doch nur wenige Wochen oder Monate tragen?

Einige Punkte würden wir sicherlich gerne mit »Ja« beantworten, können es aber nicht.

Das Wellnessprogramm und ein paar freie Stunden würden wir wohl alle gerne in Anspruch nehmen. Ebenso die monatliche Shopping-Tour, um sich nach Lust und Laune komplett neu auszustaffieren. Aber hier schrumpft meine EC-Karte beim bloßen Gedanken daran wie eine Rosine zusammen und gibt leise wimmernde Geräusche von sich.

Also mache ich das Beste daraus und stehe zu dem, was ich bin: Eine ganz normale Mutter.

Aber vielleicht sollten auch wir uns alle ab und an den Luxus gönnen, richtig schöne Fotos von uns machen zu lassen. Schön geschminkt, gut ausgeleuchtet und vom Profi nachbearbeitet, sehen nämlich auch wir aus wie eine Promi-Supermami.

Aus dem Nähkästchen:

Ich habe mehr als einmal vor dem Spiegel gestanden oder unter der Dusche an meinem veränderten Körper herabgesehen. Dabei habe ich dann auch mal traurig geseufzt und ein wenig meinen alten Formen nachgetrauert.

Die Veränderung meines Körpers zu akzeptieren war nicht leicht. Gerade das Bild, das mir dabei von außen vorgegaukelt wurde, hat es noch um ein Vielfaches schlimmer gemacht. Ich sah mich übermäßig kritisch und mit einem Anspruch belastet, der mir von Menschen diktiert wurde, die mich gar nicht kennen und deren ganze Welt sich um das Äußere dreht.

Ich sah mich nicht mit den Augen meiner Tochter, für die meine Brüste am Anfang das Wichtigste auf der Welt waren, weil sie ihr Nahrung und Geborgenheit gaben. Ich sah mich nicht mit den Augen meines Mannes, der wusste und würdigte, dass ich ihm mit unserer Tochter ein wunderbares Geschenk gemacht hatte und der meinen Körper und mich auch weiterhin liebte.

Hätte ich mich damals schon durch diese liebenden Augen betrachten können, wäre mein Bild von mir sicherlich ein versöhnlicheres gewesen. Man sieht eben doch nur mit dem Herzen gut. Oder – um zum Thema zurück zu kommen: Liebe ist der beste Weichzeichner.

Mit genügend Geld, Zeit und Bildbearbeitungsprogrammen könnte im Grunde jede Mami das Cover einer Zeitschrift zieren, letztendlich ist aber all das mehr Schein als Sein. Von selbst ernannten Kritikern wird in der Öffentlichkeit gemäkelt, gelästert und kritisiert, was nicht perfekt ist.

Diese Kritiker sollten in unserem Leben jedoch keinen Stellenwert einnehmen, denn die einzigen Stimmen, die zählen, sind die der Menschen, die uns lieben - und vor allem unsere eigene. Wenn wir uns mit ein paar Kurven wohler fühlen, dann ist das so. Wir dürfen getrost ein müdes Lächeln aufsetzen beim Gedanken daran, welchen Aufwand so manch einer für die Meinung von Menschen auf sich nimmt, die begierig nur auf das nächste Stolpern warten. Wir sollten froh und dankbar sein, dass dieses fremdbestimmte Leben nicht das unsere ist.

Fazit:
Es ist dein Körper, und nur du musst dich damit wohl-fühlen.

Die Frage, die uns ständig verfolgt: Mache ich etwas falsch?

Es gibt Mütter, die wirken, als wüssten sie immer genau, was sie tun. Sie scheinen bereits mit dem Wissen auf die Welt gekommen zu sein, was jedes leise Wimmern und jeder Pups des neuen Erdenbürgers bedeutet.

Ich gehöre leider nicht dazu.

Ich habe gegrübelt, gelesen und probiert.

Hunger, nasse Windel, oder doch müde? Manchmal hatte ich das Gefühl, alles nur falsch zu machen und bin fast verzweifelt.

Es hat einige Zeit gedauert, bis ich den Dreh einigermaßen raus hatte. Und nachdem ich die »Pflicht« gemeistert hatte und mich schon freute, merkte ich, dass dies nur der Anfang war. Denn plötzlich tauchen ganz andere Fragen auf:

- Entwickelt sich mein Kind normal?
- Warum will es nicht schlafen?
- Sollte es nicht langsam anfangen zu krabbeln?
- Und warum dekoriert nur mein Kind den Tisch im Restaurant in liebevoller Kleinarbeit mit seinen Spaghetti?

Das sind nur einige der Fragen, die einer Mutter früher oder später unweigerlich durch den Kopf gehen.

Hätte mir mal jemand gesagt, dass ich der Panik nah sein würde, weil auch am zweiten Tag kein Häufchen in der Windel ist, ich hätte lachend den Kopf geschüttelt.

Hin und wieder fühlte es sich an, als sei ich auf einem fremden Planeten gelandet und versuchte mit einem mittelmäßigen Übersetzer einem Fachvortrag zu folgen. Und während ich noch am Rätseln war und gerade langsam begann, ein Problem zu begreifen, wurde plötzlich das Thema gewechselt.

Das war ziemlich entnervend ...

Ja, ich habe so einige Tränen vergossen. Ständig fragte ich mich, was ich falsch mache, warum die anderen Mütter das hinbekommen, ich aber nicht.

Warum war ich einfach nicht in der Lage, mein Kind glücklich zu machen?

Nachdem ich dann jedoch das Gespräch mit anderen Müttern gesucht hatte, stellte ich wenig überraschend fest:

»Jede Mutter weiß manchmal nicht weiter.«

Ist ein solches Thema einmal angeschnitten, ist es auch nicht selten, dass ein erleichtertes Seufzen durch die Reihen geht.

Denn viele wagen es gar nicht erst, so etwas auszusprechen, weil sie sich ohnehin schon wie eine schlechte Mutter fühlen oder befürchten, von den anderen Müttern als eine solche angesehen zu werden.

Weniges wird im Alltag bei uns Müttern so gefürchtet wie der Stempel »Rabenmutter«.

Wir Frauen sollen doch bitte vom ersten kläglichen Aufschrei des Säuglings an all das intuitiv erfassen, was unser Kind von uns möchte. Ebenso obliegt es uns, den Haushalt zu führen, die liebende Ehefrau zu sein, gegebenenfalls noch arbeiten zu gehen und uns dabei doch auch bitte, bitte nicht zu sehr gehen zu lassen. Eine Mitgliedschaft im Fitnessstudio ist also durchaus angebracht ... Worte der Klage sind es jedoch nicht, denn so eine Supermutti macht das mit links - und ist das nicht unser aller Ziel?
Eine Supermutti zu sein?

Alte Rollenbilder vermischen sich mit neuen. Die Qualitäten der Hausfrau und Mutter werden um die der Karrierefrau ergänzt.
Ein ungeheurer Druck, den man vielfach nicht bewältigen kann. Ständig haben wir das Gefühl, wir werden kontrolliert, gemessen und gewogen. Und viel zu oft für nicht

gut genug befunden.

Wie sollen wir andere um Rat fragen, wenn wir davor Angst haben, dass uns dies als Schwäche ausgelegt wird? Häufig ist diese Wahrnehmung jedoch sehr subjektiv und von unserem eigenen angeschlagenen Selbstbild geprägt. Je mehr wir an uns zweifeln, desto stärker trifft uns die Kritik. Eine Spirale beginnt, aus der man sich manchmal nur schwer befreien kann.

Gerade wenn Mütter sich außerhalb der Norm bewegen, wie beispielsweise durch langes Stillen, das Praktizieren vom sogenannten Familienbett oder die Benutzung von Stoffwindeln, sind sie häufiger bohrenden Fragen ausgesetzt, die mal wohlwollend formuliert, mal kritisch sind. Nagt bereits der leiseste Zweifel, wird immer mehr in die Worte des Fragenden hinein interpretiert, und bevor wir uns versehen, wird jede Frage als Kritik aufgefasst.

Manchmal können die eigenen Mütter und auch Schwiegermütter uns gar nicht oft genug sagen, was wir alles besser machen sollen. Eine schwierige Situation, will man doch nicht den Familienfrieden gefährden. Hier hilft es nur, gut vorbereitet zu sein oder die bewährte Taktik »lächeln, nicken und ignorieren«.

Aus dem Nähkästchen
Zwei kleine Beispiele aus meiner persönlichen Erfahrung,
dass man nicht immer alles wissen kann und muss.

1.
Meine Tochter ist ziemlich groß. Schon bei der Geburt
war sie weder ein Zwerg noch ein Leichtgewicht, aber
schnell setzte der Kinderarzt nur noch die Kreuzchen über
der obersten Größenlinie bei den Untersuchungsterminen.
Natürlich, ich bin mit meinen 1,75 m auch nicht gerade
winzig und mein Mann kratzt an der 2 m Marke - aber
wenn das eigene Kind das komplette erste Lebensjahr fast
einen Kopf größer ist als alle Gleichaltrigen und man
spätestens alle 4 - 8 Wochen neue Strampler braucht, gibt
einem das schon zu denken. Zumal sich ihr Gewicht
direkt proportional zu ihrem Längenwachstum entwickelt
hat. Ich sah sie vor meinem inneren Auge schon wie She-
Hulk das Klassenzimmer betreten, wo sie ihre Mitschüler
wie ein Felsen überragt.

Mir wäre zu diesem Zeitpunkt schon sehr geholfen
gewesen, hätte mir jemand gesagt, dass Kinder nach dem
1. Lebensjahr sehr, sehr viel langsamer weiterwachsen ...
Hätte ich mir denken können? Natürlich!
Aber Suchmaschinen sind eben nicht immer unsere

Freunde, besonders wenn man die falschen Suchbegriffe eingibt.

2.

Meine Tochter hatte einfach keine Lust zu krabbeln. Alle Kinder um sie herum erkundeten bereits die Welt, während es für sie das höchste der Gefühle war, im Alter von 10 Monaten mit Speichelfäden aus dem Mundwinkel hängend auf den Unterarmen vorwärts zu robben. So sehr ich meine Tochter liebe, konnte ich in diesem Zeitraum mein Kopfkino, das sie als Hauptdarstellerin für Zombie-B-Movies castete, nicht ganz abschalten.

Wie das Leben manchmal so spielt: Mit 10 ½ Monaten konnte sie dann endlich krabbeln. Das war aber wohl nicht so ihr Ding, und keine 4 Wochen später machte sie ihre ersten Schritte.

Die Nerven hätte ich mir also durchaus auch hier sparen können.

Fazit:

Du musst nicht immer alles wissen.

Gerade wenn es um Krankheiten und Wehwehchen geht: Frage deinen Kinderarzt! Und lass dich nicht abwimmeln.

Auch Mütter mit Kindern im gleichen Alter werden dich im Normalfall nicht verurteilen. Wahrscheinlich geht es ihnen nämlich nicht anders.

Und zur Not, aber nur mit vorher genau überlegten Suchbegriffen, einfach das Internet nutzen. Auch diverse Facebook-Gruppen und Foren haben mir schon das eine oder andere Mal geholfen.

Lediglich Fragen zum Impfen sollte man sich hier sparen, wenn man nicht den nächsten Weltkrieg anzetteln möchte.

Spontane Entbindung oder Kaiserschnitt

Noch 1841 lag die Wahrscheinlichkeit, dass ein Kaiserschnitt tödlich verlief, bei 80 - 90 %. Erst sehr viel später, gegen Ende der 1950er, änderte sich dies durch medizinische Hygienestandards, Antibiotika und Bluttransfusionen.

Mittlerweile kommen in Deutschland über 30 % der Kinder per Kaiserschnitt zur Welt. In Italien sind es 38 % und in manchen Regionen der Türkei sogar über 43 %.

In Malawi (Afrika) liegt die Kaiserschnittrate bei ca. 4,5 %. Wer aber jetzt ein Loblied auf die spontane Geburt anstimmen möchte, sollte sich auch folgender Zahlen bewusst sein:

In Deutschland sterben heutzutage fünf von 100.000 Müttern bei der Geburt, in Afrika sind es bis zu 1.000. (1)

Gerade mit solchen Zahlen im Hinterkopf finde ich es immer wieder faszinierend, dass Menschen es schaffen, einem ein schlechtes Gefühl zu geben, was die Art der Entbindung betrifft.

Wenn die eigentliche Geburt sehr lange dauert und die werdenden Mütter zum Durchhalten angehalten werden, kann dies unschöne Folgen haben. Nach einer normalen vaginalen Geburt ist bei 15 - 40 % der Gebärenden ein

Schaden am Beckenboden nachzuweisen. Naheliegender-weise erhöht sich das Risiko, je länger die Geburt dauert.

Das Alter der Erstgebärenden wird immer höher, und auch das Gewicht spielt eine entscheidende Rolle, ob ein Kaiserschnitt aufgrund der körperlichen Gegebenheiten erforderlich ist. (2)

Wir sollten daher dankbar sein, dass wir die Wahl haben, wie wir unsere Kinder möglichst gesund und mit einem geringen Risiko für alle Beteiligten auf die Welt bringen.

Die spontane/vaginale Entbindung

Entbindet eine Frau auf natürlichem Weg, bedeutet das viel Schmerz, Leid und Anstrengung, aber auch Glück, wenn es endlich geschafft ist. Zusammengefasst also eine unglaubliche körperliche, geistige und emotionale Belastung. Jede Mutter, die diesen Weg gegangen ist, verdient vollsten Respekt und Anerkennung für ihre Leistung.

Befremdlich wird es dann, wenn diesen Müttern vermittelt wird, dass Frau sich das in der heutigen Zeit doch nicht mehr antun müsse. Gerade die öffentlichen Medien sind an dieser Meinung nicht unschuldig. Wird doch immer wieder über Personen des öffentlichen Lebens berichtet, welche die Möglichkeit des Kaiserschnitts gewählt haben. Ob positiv oder negativ in Szene gerückt, dieses Thema findet immer wieder seinen Weg in die

Presse. Nicht selten wird dabei der Eindruck vermittelt, dass es möglich sei, ein Kind zwischen Coffee-to-go und dem nächsten Termin im Kalender zur Welt zu bringen. Beim Lesen dieser Artikel drängt sich nicht selten der Eindruck auf, dass der Verfasser zwar sicherlich viel recherchiert hat, aber eines hat er sicher nicht: Ein Kind zur Welt gebracht.

Frauen, die gekämpft haben wie eine Löwin, bekommen den Eindruck vermittelt, dass es nicht nötig war, sich den stundenlangen Strapazen auszusetzen. Dass ihr Kampf letztendlich umsonst war.

In solchen Momenten kann ich nur raten: Erinnere dich daran, was du gefühlt hast, als du endlich den ersten Schrei gehört, dieses wundervolle Wesen zum ersten Mal in deinen Armen gehalten hast.

Genau: pures Glück!

Lass dir daher von niemandem ein schlechtes Gefühl vermitteln.

Der Kaiserschnitt

Nach meiner Erfahrung haben die Kaiserschnittmütter sogar noch wesentlich öfter mit Kritik zu kämpfen. Was bei Promis häufig über jeden Zweifel erhaben ist, sorgt bei »normalen« Müttern vielfach für Sticheleien.

Auch wenn es seltsam anmutet, gerade hier sind die Mütter, die spontan entbunden haben, die stärksten

Kritiker. Es wird einem direkt oder indirekt unterstellt, nicht genug gekämpft, sich »gedrückt« oder es sich zu leicht gemacht zu haben.

»Liebe Supermamis, die in Rekordzeit ihr Kind bekommen haben, oder auch diejenigen, die über Stunden gekämpft haben, um dann ihr kleines, geliebtes Bündel in den Armen zu halten:
Dieser Umstand prädestiniert euch nicht dazu, euch über andere Mütter ein Urteil zu bilden.«

Die wenigsten Mütter gehen mit der Einstellung heran, dass sie sich gerne den ganzen Schmerz, das Geschwitze und die Zeit sparen möchten. Genau so wenig die Ärzte, die zu einem Kaiserschnitt raten. Es gibt in diesen Fällen in der Regel einen medizinischen Grund, warum zu einem Kaiserschnitt tendiert wird. Ob dieser nun von anderen Müttern anerkannt wird oder nicht.

Für viele Mütter ist es sehr belastend, ihr Kind nicht spontan entbinden zu können. Vor allem wenn sie vorher stundenlang in den Wehen gelegen haben und es dann doch zu einem Kaiserschnitt kommt. Es gibt viele Mütter, die allein durch diesen Umstand das Gefühl mit sich herumtragen, versagt zu haben. Und dann kommt jemand, der es ja augenscheinlich »hinbekommen« hat, und schürt diese negativen Gefühle, ob nun bewusst oder unbewusst – in jedem Fall jedoch zu Unrecht.

Der Weg, wie unsere Kinder zur Welt kommen, ist nur ein einziger Punkt auf der unendlich langen Liste von Entscheidungen, Erfahrungen und Eigenschaften, die uns zu Müttern macht.

»Liebe Kaiserschnitt-Mamas,
ihr habt euch aus guten Gründen dazu entschieden,
euch einer Operation zu unterziehen, um euch und / oder
euer Kind zu schützen. Selbst wenn es keine
medizinische Begründung dafür gegeben haben sollte,
habt ihr diese Entscheidung sicherlich nicht leichtfertig
getroffen. Ihr habt keinen Grund, den Kopf einzuziehen.
Auch ihr habt Schmerzen gelitten, hattet Angst und tragt
die Narbe der Geburt den Rest eures Lebens auf eurem
Körper. Es ist kein Schandmal, sondern ein Zeichen,
dass ihr Großes vollbracht habt. Ihr habt ein Kind zur
Welt gebracht.«

Aus dem Nähkästchen

ich habe mir vorher viele Gedanken darüber gemacht, wie ich meine Tochter zur Welt bringen möchte. Ich habe Foren durchforstet, Artikel gelesen, Bücher gewälzt und lange Gespräche geführt. Ich fühlte mich gut vorbereitet. Doch dieser Traum zerplatzte wie eine Seifenblase, als meine Tochter bei der letzten Ultraschalluntersuchung auf 4.800 g geschätzt wurde.

Warum?

Weil ab ca. 4.000 g das Risiko, dass das Kind im Geburtskanal stecken bleibt, deutlich zunimmt. Gravierende Verletzungen für Mutter und Kind sind dann häufig die Folge. Die Wahrscheinlichkeit, dass bei einem Kaiserschnitt etwas passiert, ist im Verhältnis dazu verschwindend gering.

Da sowohl ich als auch mein großer Bruder per Kaiserschnitt zur Welt gekommen sind, habe ich mich von Anfang an auch mit dieser Option auseinandergesetzt. Sie war jedoch nicht meine erste Wahl, sie war nicht das, was ich mir ausgemalt hatte. Da ich mich jedoch bereits damit beschäftigt hatte und wusste, dass die Möglichkeit besteht, ist für mich keine Welt zusammengebrochen, als es so weit war. Trotzdem betrat ich mit gemischten Gefühlen den OP - dass der Anästhesist drei Anläufe brauchte, um mir die PDA (Periduralanästhesie) zu setzen, machte es auch nicht besser, und wie Jesus ans Kreuz auf dem OP-Tisch festgeschnallt zu werden, war definitiv keine Erfahrung, die auf meine Liste der »Must Haves« kommt. Ich muss zugeben, dass ich trotz einer super lieben Hebamme ziemliche Angst hatte. Aber wenigstens war ich wach und konnte die ersten Schreie meines Kindes hören. Etwas, das nicht jeder Mutter vergönnt ist.

Im Nachhinein setzt auch an manchen Stellen segensreiches Vergessen ein, und ich kenne einige Episoden nur noch aus den Erzählungen meines Mannes.

Dass ich nicht mit diesem Schicksal gehadert, sondern dem Kaiserschnitt direkt zugestimmt habe, lag aber auch an den Gesprächen mit einer guten Freundin. Sie hatte sich eine spontane Entbindung sehr gewünscht. Lag Stunden lang in den Wehen, und aus medizinischen Gründen wurde es dann doch ein Kaiserschnitt unter Vollnarkose. Es war nämlich genau das eingetreten, was bei mir hätte passieren können: Ihr Sohn war unter der Geburt stecken geblieben. Eine Vollnarkose war die Folge. Sie wurde wieder wach - und war Mutter.

Sie hat sehr lange darunter gelitten. Und mich hat jedes Mal die Wut gepackt, wenn sie mir erzählt hat, dass sie deswegen von anderen Müttern massiv angegriffen wurde.

Wie konnte es jemand wagen, einer Frau, die so gekämpft und gelitten hat, Vorhaltungen zu machen?

Wie konnte sich jemand ein Urteil erlauben?

Ich weiß es nicht und verstehe es auch nicht.

Ich weiß nur, dass sie eine wundervolle Mutter ist, ganz unabhängig davon, wie sie ihre Kinder zur Welt gebracht hat.

Der Start von Mamas und per Kaiserschnitt entbundenen Babys ist oft schwer. Bindungs- und Stillprobleme sind keine Seltenheit. Sie müssen ihre ganz eigenen Hürden meistern, die gewürdigt werden sollten und Respekt verdienen.

Fazit:

Egal, wie du entbunden hast: Niemand hat das Recht, dich dafür zu kritisieren oder deine Entscheidung infrage zu stellen! Es sagt nichts darüber aus, ob du eine gute Mutter bist oder nicht.

Still- oder Flaschenkind?

Direkt zu Anfang dieses Kapitels möchte ich eines einräumen: Ja, ich liebe das Stillen und ich freue mich auch jedes Mal, wenn ich eine stillende Mutter sehe. Aber ich weiß auch, dass es nicht immer möglich ist.

Manchmal soll es einfach nicht sein, und keiner hat das Recht, der Mutter deshalb ein schlechtes Gewissen zu machen.

Je nach Region haben über 90 % der Frauen vor der Geburt die Absicht zu stillen. Allerdings liegt die Quote derer, bei denen es dann auch wirklich klappt, nur bei knapp 78 %, bzw. je nach regionalem Standort noch deutlich niedriger. (3) Denn leider ist die Fertignahrung oft viel zu schnell zur Hand. Die richtige Beratung ist in Krankenhäusern aus Zeitnot oder aufgrund fehlenden oder veralteten Wissens nicht immer möglich. Häufig wird schon im Krankenhaus auf Anraten des Fachpersonals viel zu schnell zugefüttert, obwohl dies eigentlich nicht notwendig wäre und es das Stillen zusätzlich erschwert.

Denn die Nachfrage reguliert das Angebot, und wie soll der »Laden« richtig in Schwung kommen, wenn noch woanders eingekauft wird?

Nach dem erschreckenden Ergebnis des Tests von Milchpulver und Anfangsnahrung 2015 (Ökotest) bedeutet dies für nicht stillende Mütter zusätzlich zu dem mahnend wedelnden Zeigefinger der Still-Verfechter noch einen weiteren Punkt auf der Liste des schlechten Gewissens. Doch was soll eine Mutter, die nicht stillen konnte oder wollte, im Nachhinein daran noch ändern? Realistisch gesehen: Nichts.

Natürlich gibt es Mittel und Wege, auch mit Hilfe von Medikamenten die Milchproduktion wieder anzuregen. Aber ehrlich, wer macht das, wenn die naheliegende Lösung beim Supermarkt um die Ecke im Regal steht?
Bemüht man die Statistik, ist es natürlich für manche Mütter, die es verzweifelt versucht haben, umso bitterer: gestillte Kinder haben ein geringeres Risiko für das Auftreten diverser Erkrankungen wie Mittelohrentzündung, Magen-Darm-Infekte, Allergien und Asthma bis hin zur Leukämie. Für Mütter bedeutet es ein geringeres Risiko für Übergewicht und Adipositas (Fettleibigkeit). Die Gebärmutter bildet sich schneller zurück und das Risiko für Brust- und Eierstockkrebs sinkt. Zudem leiden stillende Mütter seltener an Depressionen. (3)

Ich sehe jetzt schon die ein oder andere von euch mit den Augen rollen: Ja, ich weiß ... Hättet ihr gewollt, dass euch jemand die Vorteile des Stillens vorbetet, hättet ihr eine Suchmaschine benutzt ...

Was ich damit jedoch für alle Parteien klar machen möchte: Niemand verzichtet auf die Vorteile des Stillens, sofern er sie denn kennt, ohne Grund!

Wir Mütter sind mehr als Statistik! Wir sind Individuen. Hinter jeder Entscheidung zum Stillen oder Nicht-Stillen steht eine eigene Geschichte. Berufliche Gründe. Gesundheitliche Gründe. Oder vielleicht hat der Kopf einfach nicht mitgemacht.

Es kann auch durchaus sein, dass einfach mal eine Zigarette, Kaffee, ein gelegentliches Glas Wein oder die Angst davor, keine freie Minute mehr zu haben und »ausgesaugt« zu werden, den Kopf blockieren - und fast nichts bringt die Milch schneller zum Versiegen.

Und ja, ich kann es verstehen, wenn eine Mama lieber die Flasche gibt, damit sie etwas mehr sie selbst sein kann, etwas mehr Freiraum hat. Evtl. auch um früher wieder ganz alleine Zeit mit dem Partner verbringen zu können, während der Zwerg friedlich vom Babysitter in den Schlaf geschaukelt wird.

Und manchmal erhält uns diese Spur Egoismus, die einer solchen Entscheidung innewohnen kann, das letzte bisschen Verstand und macht uns einfach zu einer glücklicheren Mutter.

Aus der Erfahrung heraus kann ich nur sagen: Letztendlich ist es egal, wie man es macht, man macht es nicht richtig ...
Auf diesem Gebiet kann man einfach nicht den Titel der Supermutti ergattern. Denn so ziemlich jeder verbreitet gern seinen persönlichen »Heiligen Gral« der Kinderernährung, und manch einer macht dies sogar so inbrünstig, als würde sein Seelenheil davon abhängen.
Nein, im Ernst. Plötzlich wollen einem alle Mütter, Väter, Großmütter, Großväter, Kinderlosen und gefühlt Hirnlosen erklären, wie man seinem Nachwuchs am besten die Nahrung zuzuführen hat - und alle wissen es besser.

In der Praxis gestaltet sich das dann teilweise wie folgt:
Stillt man 6 Monate, gibt es ein Schulterklopfen.
Spätestens nach Ablauf dieser Frist hat man aber mit der Beikost anzufangen und steht unter dem prüfenden Blick des Kinderarztes und des näheren Umfeldes.
Schnell folgen auch die guten Ratschläge: Man solle, um des eigenen Seelenfriedens willen und unter Berücksichtigung persönlicher Schlafbedürfnisse, zumindest abends auf eine Flasche umsteigen, schließlich würden die Kinder dann viel besser durchschlafen.

Nach einiger Recherche und Befragung von Mütter aus meinem Bekanntenkreis kann ich getrost behaupten: Pustekuchen - nein, tun sie nicht.

Da das abendliche Fläschchen aber häufig mit einem eigenen Bett und Zimmer verbunden ist, merken es die Eltern nicht jedes Mal, wenn ihre Kinder zwischendurch wach sind, solange nicht die »Sirene« losgeht. Gerade beim Thema Schlaf ist der Erfolg eines Fläschchens oft Wunschdenken und Elternpropaganda. Entweder ist das Kind ein guter Schläfer oder nicht. Und wenn dein Kind in einem Entwicklungsschub steckt, wird es gefühlte 100 Mal in der Nacht deine Nähe suchen, egal ob Fläschchen oder Brust. Ob und in welchem Umfang man als Mutter dieses Bedürfnis des Kindes stillt, ist ganz unabhängig von der Ernährungsmethode.

Aus dem Nähkästchen:

Bevor meine Kleine auf die Welt kam, war ich mir bewusst, dass es als ideal für einen Säugling gilt, 6 Monate gestillt zu werden. Schließlich kannte ich die WHO-Empfehlung, dass man 6 Monate voll stillen soll.

Diese Empfehlung hat aber zwei Teile – und der zweite Teil besagt, dass man bis zum 2. Jahr und darüber hinaus parallel zur Beikost weiterstillen sollte.

Überrascht?

Ja, war ich auch, als ich es sehr viel später vollständig

gelesen habe.

Auf jeden Fall hatte ich für mich erst einmal diese 6 Monate fest ins Auge gefasst. Dennoch hatte ich vorab alles eingekauft, falls es nicht klappen sollte. Wäre ja auch nicht so schlimm, oder? Ich war ja schließlich auch ein Flaschenkind und rundum glücklich. Wenn ich mir meine Babyfotos ansehe, war ich vor allem eins: rund ...

Dann hielt ich meine kleine, neue Erdenbürgerin in den Armen und alles verselbstständigte sich.

Das Stillen klappte zwar bei weitem nicht problemlos und mein Kopf sagte mir, dass es nicht so schlimm wäre, wenn es nicht klappen würde. (Ich war zeitweilig wirklich versucht aufzugeben.) Mein Herz floss aber jedes Mal über, wenn meine Tochter an meiner Brust einschlief, so vollkommen glücklich und zufrieden mit der Welt.

Später stellte sich dann heraus, dass sowohl Fläschchen als auch Schnuller für die kleine Dame wohl dem Versuch gleich gekommen sind, sie im Bastkörbchen auf dem Fluss auszusetzen. Sie hasste beides, und ich brachte es weder über mich, sie »über längere Zeit hungern« zu lassen, damit sie die Flasche annahm, noch ihr den Schnuller so lange im Mund festzuhalten, bis sie ihn endlich nicht mehr ausspuckte. Kaum zu glauben, aber beides wurde mir empfohlen ...

Mittlerweile können wir auf über zwei Jahre Stillzeit

zurückblicken. Ja, ich gehöre zu den »Langzeitstillmüttern«. Und ich möchte keine Sekunde davon missen. Für mich und meine Tochter war es die beste Entscheidung.

Dennoch verstehe ich, wie schon erwähnt, auch voll und ganz die Flaschenmamas. Und ja, ich konnte und kann mich auch eines gewissen Neidfaktors nicht erwehren. Wenn bei den Freundinnen auch mal der Papa das Kind ins Bett gebracht hat. Oder wenn unterwegs auf dem Tollwood (einem Festival mit Markt und Unterhaltung in München) einfach mal das Fläschchen gezückt wurde. Natürlich bedeutet es, mehr vorzubereiten und einzupacken, aber es bedeutet eben auch mehr Freiheit und weniger pikierte Blicke. Weniger blöde Kommentare und weniger Diskussionen. Es ist traurig, aber wir leben in einer Zeit, in der man einem Kind überall die Flasche geben darf, aber wegen Stillens aus Läden und Bussen geschmissen wird. Das Normalste der Welt, sein Kind an der Brust zu nähren, wird bei uns nicht mehr als normal angesehen. Also ja, ich verstehe, warum teilweise direkt oder recht zeitnah nach der Geburt die Flasche gegeben wird.

Letztendlich muss jede Mutter den besten Weg für sich und ihr Kind finden.
Und dann?
Einfach zu ihrer Entscheidung stehen. Egal, wie viele

Meinungen auf sie einprasseln.

Denn die kritischen Stimmen bleiben nicht aus, egal welchen Weg man gewählt hat. Es gibt immer jemanden, der es besser weiß.

Fazit:

Stillen oder Flasche - keines für sich macht eine gute Mutter aus, sondern die Liebe, die sie ihrem Kind gibt, wenn sie es in den Armen hält.

Ernährung und süße Sünden

Eisbecher, Schokolade, Chips oder meine heiß geliebten Krapfen, was würde ich nur ohne sie tun? Die gelegentliche Nervennahrung hat mir schon so manchen Tag gerettet und meine Laune von unterirdisch auf ein erträgliches Maß angehoben. In der heutigen Zeit, wo Schlanksein in direkter Verbindung dazu steht, gesund zu sein, werden diese Lebensmittel nicht selten in die »Sünden«-Schublande gesteckt. Das Stigma des Verbotenen haftet ihnen an. Immer in der bangen Erwartung, dass jeder Bissen uns und unsere Kinder der Herzverfettung und dem Diabetes ein Stückchen näher bringt.

Mit diesem Damoklesschwert über den Köpfen wird leider oft schon bei den Kleinsten auf jeden Happen geachtet. Wie viel Fett ist enthalten, und wie viel Zucker in der Apfelschorle macht unser Kind zum Kugelfisch? Listen, welche die benötigten kcal pro Kind vorgeben, setzen uns unter Druck, und andere Mütter schauen uns in der Öffentlichkeit ständig auf die Finger bzw. in die Keksbox.

Gummibärchen statt mit Liebe geschälter und in kleine Herzchen geschnittener Gurkenstücke?

Oh mein Gott!

Einfach verantwortungslos!

Nur selbstgemachtes Obstpüree statt mal eines Fruchtzwergs?

Immer diese Öko-Muttis!

Das Kind brauch doch mal etwas Anständiges!

Die Blickwinkel sind oft so verschieden wie die Mütter. Alle wollen wir jedoch nur eines: Das Beste für unser Kind!

Doch welche Mengen benötigt ein Kind bei seinem täglichen Abenteuer, die Welt zu erobern? Ein 0 - 3 Monate altes Baby 650 kcal, zwischen 4 und 12 Monaten sind es schon 850 kcal. (4)

Ein zusätzlicher Richtwert ist jedoch: 0 - 3 Monate 93 kcal pro kg Körpergewicht und für 4 - 12 Monate 92 kcal pro kg Körpergewicht. (4)

Und bevor jetzt jemand anfängt, Apps auf dem Handy zu installieren und den Taschenrechner zu bemühen: Diese Angaben sollten mit Vorsicht genossen werden.

Es sind Richtwerte, die weder einen Wachstumsschub noch größere körperliche Betätigungen berücksichtigen. Auch der individuelle Stoffwechsel sollte nicht unterschätzt werden. Nach gemeinsamem Toben im

Schwimmbad, stundenlangem Buddeln im Sandkasten oder einfach nach zwei Tagen Spinat und Rosenkohl kann der Hunger durchaus auch mal größer ausfallen. Bevor man sich versieht, geht das Kind dann plötzlich mit hungrigem Bauch ins Bett und hält uns die halbe Nacht wach, dabei wollten wir eigentlich nur das Beste für unser Kind. Natürlich will niemand eine kleine Bowlingkugel im Kinderwagen spazieren fahren. Dennoch sollte man die individuellen Bedürfnisse eines Kindes nicht aus den Augen verlieren. Denn das natürliche Sättigungsgefühl wird in der Regel verhindern, dass ein Kind zu viel zu sich nimmt. Also vertraut hier lieber auf euer Bauchgefühl anstatt auf Standardtabellen.

Als kleines Beispiel:
Meine Tochter hatte im Alter von 6 ½ Monaten über
9 kg.
Wer jetzt nachschauen möchte, das ist im U-Heft ziemlich genau die oberste Linie.
Uff, ziemlich moppelig, oder?
Dabei ist aber zu berücksichtigen, dass sie auch schon 74 cm groß war, die oberste Linie also schon gesprengt hatte.
Im Alter von 11 Monaten brachte sie dann ein stolzes Gewicht von 10,5 kg auf die Waage. Berechnet man die dafür benötigte tägliche Energiemenge, kommt man auf

966 kcal. Sie lag also mit ihrem Bedarf deutlich über der oben genannten Empfehlung. Zudem ist sie ein ziemlich aktives Kind, seit sie läuft, muss sie permanent alles in ihrer Umgebung erkunden.

Folglich war und ist meine Tochter - ganz subjektiv betrachtet - ständig am Essen. Das Haus zu verlassen ohne etwas Essbares in der Tasche ist undenkbar. Denn ihre Laune könnte die Boten der Apokalypse ankündigen, wenn sie über längere Zeit hungrig bleibt. Aufgrund des richtigen/passenden Verhältnisses zur Körpergröße ist sie aber trotz des fortwährenden Lebensmittelkonsums keineswegs übergewichtig. Sie braucht diese Mengen an Energie, weil sie sonst schnell abnimmt. Ein neuer Zahn oder besagter Spinat reichen da schon aus.

Natürlich gibt es auch bei uns und in der Kita feste Mahlzeiten. Daher gibt es für den Hunger zwischendurch zumeist Obst, Gemüse oder mal einen der verteufelten Quetschbeutel mit Obstpüree. Aber auch ein Keks, Gummibärchen oder ein Stück Schokolade können den Weg in ihren Magen finden. Denn wenn ich Lust auf einen Keks habe, muss ich zwangsläufig mit ihr teilen, wenn ich diesen nicht heimlich unter einer Decke im Badezimmer bei geschlossener Tür essen möchte. Deswegen stößt mir auch das personifizierte schlechte Gewissen in Form anderer Mütter manchmal sauer auf und hat schon zu mancher Diskussion geführt.

»Mein Karl-Leopold darf keinen Zucker essen. Zucker ist ungesund und macht dick. Dafür bekommt er viel Obst. Und ich koche alles nur selbst. Das ist doch das Gesündeste.«

Erst einmal Entschuldigung an alle Mütter, deren Kinder diesen Namen tragen, aber es war der erste, der mir eingefallen ist. Der Kern der Sache ist jedoch, dass uns solche Sätze immer wieder mit einem schlechten Gefühl an den Keks oder das Stück Schokolade, das unser Kind vorhin essen durfte, denken lassen. Was uns selbst betrifft, können wir klar sagen: Das ist unsere Sache. Doch sobald es um unsere Kinder geht, sind Zweifel schnell gesät.

Ob wir dafür jedoch in der Hölle schmoren werden?

Ich glaube nicht.

Ob unser Kind deswegen später übergewichtig sein wird?

Auch daran glaube ich nicht.

Es ist zwar schön, sein Kind ausschließlich gesund zu ernähren. Und natürlich ist es toll, dass manche selbsternannte Supermami so viel Zeit hat, sich unzählige Gedanken zur Ernährung ihrer und zu unserem Leidwesen auch unserer Kinder zu machen. Aber sehen wir die Sache mal ganz pragmatisch: Wie bei

Erwachsenen macht auch bei Kindern das gesunde Maß den Unterschied.

Das Forschungsinstitut für Kinderernährung (FKE) nennt in diesem Zusammenhang einen Wert von 10 % des Tagesbedarfes, welchen Süßigkeiten ausmachen dürfen. Demnach sind ein Stück Schokolade, 3 - 4 kleine Kekse oder eine Handvoll Gummibärchen durchaus in Ordnung. Wie bei uns Großen auch ist es vertretbar, wenn es an einem Tag etwas mehr ist, dafür an einem anderen eben etwas weniger.

Aus eigener Erfahrung ist der komplette Verzicht auf solcherlei Leckereien vielmehr kontraproduktiv.

Ja, richtig gelesen: kontraproduktiv.

Natürlich sollten solche Lebensmittel etwas Besonderes bleiben und die Chips-Tüte oder die Gummibärchen keine ganze Mahlzeit ersetzen. Diese Sachen sind zum Genießen da, sie sind nicht zum Sattmachen gedacht. Werden sie jedoch ganz verboten, erhöht sich dadurch nur der Reiz. Im schlimmsten Fall sorgt es in späteren Jahren dafür, dass unser Kind still und heimlich Süßigkeitenregale leer kauft, sobald es die Möglichkeit dazu hat, oder sich mit Freunden zur Fastfoodkette seiner Wahl schleicht, um sich über alle Maßen den Bauch vollzuschlagen.

Durch den vollkommen fehlenden Umgang lernen Kinder

nicht, Maß zu halten. Können sie dann endlich selbst bestimmen, schlingen manche es mit schlechtem Gewissen in sich hinein.

Gerade in Zeiten von Schlankheitswahn und Magersucht ist es wichtig, den gesunden Umgang mit Essen vorzuleben. Und dies umfasst ALLE Lebensmittel, die den Weg auf unseren Teller finden.

Ich sage daher gerne »Ja« zu Lebensmitteln vom Wochenmarkt. Hühnereier vom Bauern sowie Fleisch und Wurst vom Metzger, aber ebenso zu gelegentlichen Süßigkeiten und auch vereinzelt Fastfood.

Aus dem Nähkästchen

Bevor ich mich dazu entschied, die Welt auf meinen eigenen Füßen zu erkunden, war ich kugelrund. Die Fotos aus dieser Zeit treiben mir immer noch die Schamesröte ins Gesicht, weil sie regelmäßig jeden, der sie zu sehen bekommt, zum Lachen und zu Kommentaren über das Buddhakind veranlassen. So ist es sicherlich nicht verwunderlich, dass die Fotoalben aus dieser Zeit gut verwahrt ganz tief im hintersten Winkel meines Schrankes ihr Dasein fristen.

Nachdem ich jedoch endlich eingesehen hatte, dass es viel praktischer war, einfach selbst dahin zu gehen, wohin ich wollte, und selbst alles zu entdecken, gehörte der Babyspeck schnell der Vergangenheit an. Deswegen habe ich jedoch nicht weniger gegessen, sondern auch weiterhin alles verputzt, was mir meine Mutter als essbar vorsetzte. Wie sie immer wieder gerne erzählte, auch schon mal Schnitzel und Braten, obwohl ich noch nicht einmal alle Backenzähne hatte. Wie auch meine Tochter heute war ich damals sehr fordernd und habe lauthals meinen Unmut kundgetan, wenn ich etwas, das mein Bauch begehrte, nicht bekam. Gemüse, Obst, aber auch Kuchen waren dabei, sowie gute und gehaltvolle Hausmannskost. Ich wurde jedoch nicht genötigt, über meinen Hunger hinweg den Teller leer zu essen. Auch achtete meine Mutter darauf, dass ich ausgewogen aß. So lernte ich zu essen, bis ich satt war und nicht darüber hinaus, ebenso den vernünftigen Umgang mit Süßem. Diese Art des Essens gebe ich jetzt an meine Tochter weiter. Denn in vernünftigen Maßen macht nichts dick, weder Gehaltvolles, noch Süßigkeiten oder Fastfood. Es muss nur ebenfalls genügend Gesundes auf dem Speiseplan stehen und erklärt werden, warum manche Dinge nur in kleineren Mengen verzehrt werden sollten.

Fazit:

Gönne deinem Kind beide Seiten der Medaille ohne schlechtes Gewissen. Damit sorgst du dafür, dass es nachhaltig einen vernünftigen Umgang damit pflegt.

Das höchste Gut junger Eltern: Schlaf

Erinnerst du dich noch an diese Zeiten? Sonntag Vormittag, 11:00 Uhr? Der große Zeh wird unter der Bettdecke herausgeschoben. Man räkelt sich kurz. Der Frischluftschnapper wird wieder unter die Decke gezogen, und dann wird weiter geschlafen. Wunderbar!

Heute bin ich schon glücklich, wenn meine Tochter bis halb neun schläft. Noch glücklicher bin ich, wenn die Uhrzeit nicht das Resultat daraus ist, dass sie nachts um 2:00 Uhr aufs Töpfchen oder spielen wollte und sich nicht davon hat abbringen lassen.

Ich muss wirklich zugeben, manchmal träume ich davon zu schlafen - stundenlang, bis in den Mittag hinein. Ich träume davon, aufzuwachen und vollkommen ausgeruht zu sein. Ich träume davon, keine Augenringe zu haben und einen ganzen Tag ohne Kaffee zu überstehen.

Dann meldet sich mein Wecker ... und ich fühle mich alles andere als ausgeruht.

Wenn ich heute daran zurückdenke, wie wissende Mütter mich angeblickt haben und die weisen Worte sprachen:

»Schlafe noch so viel du kannst!«

Im Nachhinein war das genau so sinnvoll, wie einem Schüler zu sagen: »Genieße die Schulzeit, soviel frei hast du nie wieder.«

Wie reagieren werdende Mütter und Schüler darauf?

Genau! Lächeln, nicken und sich seinen Teil denken – bei mir wird das alles sowieso ganz anders.

Aber ja, ihr lieben Mütter hattet Recht.

Habt ihr es gelesen?

Ich wiederhole es gerne noch einmal: Ihr hattet Recht!

Vielleicht hätten mir statt weiser Worte ein paar Zahlen und Fakten gut getan. Aber wer hat die schon im Kopf?

Und hätte ich sie geglaubt?

Heute weiß ich, dass nur 38 % der Kinder mit 6 Monaten durchschlafen. Selbst 61 % der Zweijährigen denken nicht mal daran, die ganze Nacht die Augen geschlossen zu halten. (5)

Der morgendliche Mama-Zombie-Walk zur Kaffeemaschine wäre also absehbar gewesen. Vorausgesetzt, jemand hätte mir eine Plakatwand mit diesen Zahlen tapeziert, damit ich sie auch wirklich zur Kenntnis genommen hätte, bevor ich unsanft in der Realität angekommen war.

Natürlich hätten hier auch jene Angaben nicht fehlen dürfen, wie lange die Knirpse so zum Einschlafen brauchen. Es hätte mir zumindest einige Tränen und Verzweiflung erspart.

63 % der Säuglinge und Kleinkinder benötigen gerade mal 10 Minuten. Etwas mehr als ein Viertel braucht ca. 20 Minuten. Der Rest, zu dem (je nach Wachstums- oder Entwicklungsschub, sich ankündigendem Zahn oder quersitzendem Pups) auch meine Tochter gehört, benötigt regelmäßig deutlich mehr als 20 Minuten. (6) Es ist für mich daher keine Seltenheit, mehr als eine Stunde neben meiner Tochter im Bett zu liegen, darauf zu warten, dass sie endlich einschläft und mehr oder weniger gute Liebesromane zu lesen.

Doch was für Möglichkeiten bieten sich uns, um mehr Schlaf zu bekommen? Auch hier ist unser Umfeld sofort bereit, uns gute Ratschläge zu erteilen.

Früh ans eigene Bett im eigenen Zimmer gewöhnen ist ganz weit vorne mit dabei. Was vielen Müttern schon durchwachte Nächte in unbequemer Position händchenhaltend am Kinderbett eingebracht hat und ein fast festgewachsenes Ohr am Babyphone. Macht man dies jedoch von Anfang an, hat man gute Chancen, dass es auf lange Sicht funktioniert.

Das Kinderbettchen im Schlafzimmer, was schnell zur Folge hat, dass der Nachwuchs doch mit im Elternbett schläft, sobald er das erste Mal quengelnd erwacht ist.

Oder das Familienbett. Alle schlafen zusammen in einem

großen Bett, was aber von den Kinderärzten mit mehr als nur ein wenig Argwohn betrachtet wird. Der allgemeinen Meinung und verschiedenen Studien nach besteht nämlich die Gefahr, dass das Kind aus Versehen mit zugedeckt wird und erstickt. Auch reißerische Artikel machen es nicht besser. Zudem scheint sich jeder dazu berufen zu fühlen, einem zu erklären, dass man den Nachwuchs dann nie mehr aus dem eigenen Bett bekommt. Die meisten Kinder äußern jedoch zwischen 2 1/2 Jahren und Ende der Kindergartenzeit von sich aus den Wunsch, ins eigene Zimmer umzuziehen. Außerdem sind die Vorteile des Familienbetts ziemlich umfangreich, wenn man sich näher damit befasst:

Das Stillen ist wesentlich einfacher, da man nicht extra aufstehen muss und die Kinder schnell zur »Selbstbedienung« neigen.

Alle bekommen dadurch wesentlich mehr Schlaf.

Es wird häufig länger gestillt.

Es ist für das Kind nachts nicht notwendig zu schreien, sollte es das Bedürfnis nach Nähe oder Nahrung verspüren. Zumeist reicht hier ein leises Quengeln und die Mutter reagiert.

Setzt die Atmung aus oder stimmt sonst etwas nicht, schrecken die meisten Mütter selbst aus dem Tiefschlaf auf, da das Unterbewusstsein auch dann das »Überwachungssystem« aktiviert hat.

Die Atmung von Kind und Mutter gleicht sich im Schlaf an. Kleine Atemaussetzer in den ersten Monaten sind normal, jedoch wird das Kind durch die Atmung der Mutter daran »erinnert«, weiter zu atmen.

Mutter und Säugling regulieren bei Körperkontakt gegenseitig ihre Temperatur. Wird das Baby zu kalt, steigt häufig die Körpertemperatur der Mutter. Hierdurch sind die Temperaturschwankungen beim Kind wesentlich geringer.

Der Schlaf des Säuglings ist wesentlich sicherer (sofern weder Wasserbetten, noch Alkohol oder Zigaretten etc. im Spiel sind). Erbricht ein Kind, zeigt andere Krankheitssymptome oder Auffälligkeiten, wird dies wesentlich schneller wahrgenommen.

Voraussetzung, damit die Sache nicht ganz schnell sehr unbequem wird und wirklich die Gefahr des versehentlichen Zudeckens entsteht, ist jedoch, dass das Bett groß genug ist. Ein Doppelbett mit einem angeschlossenen normal breiten Bett sollte es mindestens sein, da sich Eltern sonst ganz schnell in der H-Formation wiederfinden. Beide Eltern liegen normal und halten sich an der Bettkante fest, während das Kind den Großteil der Fläche einnimmt, weil es quer liegt. »H« steht in diesem Fall dann auch gerne für »Hölle«, denn erholsam sind die Nächte infolge eher selten.

Ich glaube, an dieser Stelle ist klar, wie bei uns zu Hause geschlafen wird. Was jedoch kein Grund ist, das Buch jetzt an die Wand zu schmeißen und mir böse E-Mails zu schreiben. Denn mir ist bewusst: es gibt unzählige Gründe, das Kind auszuquartieren, und geschieht dies von Anfang an, treten hier auch normalerweise keine Probleme auf.

Manchen Kindern ist es zu unruhig mit so vielen wälzenden, schnarchenden und schmatzenden Personen. Sie verlangen daher bald nach einem eigenen Bett. Auch der Partner fühlt sich mitunter gestört, oder man selbst kann sich das so gar nicht vorstellen. Vielen Eltern ist auch einfach die ohnehin seltene Zweisamkeit heilig und sie möchten sie wenigstens nachts genießen. Nachtschichten gestalten das Schlafen in einem großen Bett mitunter ebenfalls schwierig, da dann gleich alle Bettschläfer mitten in der Nacht wach sind und die spärlichen Stunden des Schlafes weiter reduziert werden. Nicht zu vergessen sind die Empfehlungen von Kinderärzten und auch die Ergebnisse diverser Studien, die ich allerdings kritisch sehe. Hier werden nämlich viel zu häufig Todesfälle, die auf Alkohol, Zigaretten oder unvorsichtiges Handeln der Eltern zurückzuführen sind, nicht gesondert benannt bzw. heraus gerechnet. Das Resultat ist, dass man nach dem Lesen einer solchen

Studie als Mutter postwendend ein schlechtes Gewissen hat und vor lauter Angst kein Auge mehr zumacht.

Doch wie sehen eigentlich die Schlafgewohnheiten in Deutschland im Allgemeinen aus? 22 % der Eltern quartieren ihr Kind bereits im ersten halben Jahr aus, nach dem ersten Lebensjahr schlafen 72% im eigenen Zimmer. 12 % der Eltern teilen ihr Bett mit dem Nachwuchs. Diese Gruppe wird auch nach dem zweiten Lebensjahr nur geringfügig kleiner. Hier gibt es klare regionale Unterschiede. 16 % sind es in den nördlichen Bundesländern, 8 % in den östlichen. (6)

Sieht man sich diese Zahlen an und bedenkt, dass ein Großteil der Kinder erst nach dem ersten Lebensjahr dauerhaft im eigenen Zimmer schläft, wird schnell klar: So einige Aussagen, die man zu hören bekommt, können einfach nicht stimmen.

Das mag daran liegen, dass es heute noch vielfach als elterliches Versagen gesehen wird, wenn Kinder nicht im eigenen Zimmer nächtigen und durchschlafen. Es wird von außen vielfach das Gefühl vermittelt, etwas falsch zu machen.

Um Diskussionen zu entgehen, wird dann entweder geschwiegen oder beschönigt. Doch vielleicht sollten wir alle etwas ehrlicher zu unserem Umfeld sein, auch zum

Wohle der nächsten Müttergenerationen. Denn das »Traumkind«, das mit 10 Wochen im eigenen Zimmer durchschläft, ist und bleibt eine Ausnahme. Von daher nur Mut. In der ersten Zeit sind erholsame Nächte eben einfach rar – aber euren Freundinnen geht es ähnlich.

Der Schlaf

Für uns, die wir aber in der aktuellen Ist-Situation sind, erleichtert es vielleicht den Alltag, wenn wir verstehen, wie Säuglinge und Kleinkinder überhaupt schlafen. Denn auch darin liegt begründet, warum Babys zunächst nicht durchschlafen. Das Anpassen des Schlafrhythmus an den der Eltern ist ein Prozess. Häufiges Aufwachen oder »Schlafstörungen« im ersten Jahr haben daher in der Regel nichts damit zu tun, dass die Eltern etwas falsch machen. Der Schlaf bei Babys ist einfach noch vollkommen anders aufgebaut.

Wie schlafen wir?

Erwachsene verbringen die Nacht überwiegend im Leicht- und Tiefschlaf. Die REM-Phasen (Traumphasen) machen lediglich 20 % aus. Eine Schlafphase, also von Leicht- und Tiefschlaf bis hin zur Traumphase, dauert bei einem Erwachsenen ca. 90 Minuten. Er fällt in der Regel auch recht schnell in eine Tiefschlafphase, und die Schlafphase endet mit einer Traumphase.

Bei einem Säugling dauert das Durchlaufen dieser Schlafphase anfangs 45 - 50 Minuten, wobei diese nicht selten
mit einer Traumphase beginnt. Diese kann zu Anfang
auch noch bis zu 50 % des gesamten Schlafes ausmachen.
Hier kann es dann immer wieder dazu kommen, dass ein
Kind aus einem Traum hochschreckt und Sicherheit bei
den Eltern sucht. Der Schlafrhythmus passt sich nach und
nach in den ersten Lebensjahren dem eines Erwachsenen
an. (7)

Gerade wenn ein Kind aus einer Traumphase, hochschreckt, ist es wichtig, in der Nähe zu sein.
Ja, es ist schwer. Manchmal würden wir auch eine Zahn-
wurzelbehandlung ohne Betäubung vorziehen, statt unser
Kind stundenlang im Arm zu wiegen, nur damit es nach
dem Wegdösen direkt aus der Traumphase wieder hochschreckt. Besonders an solchen Tagen, an denen wir
eigentlich abends noch einen bestimmten Film sehen
möchten, etwas mit unserem Partner geplant haben oder
der Besuch schon auf der Terrasse sitzt und auf das Grill-
fleisch wartet. Frustration ist da natürlich vorprogrammiert, was es dann umso schwieriger macht, Geduld auf-
zubringen und ruhig zu bleiben. In dieser Verzweiflung
trifft so mancher vermeintlich gute Rat auf ein offenes
Ohr. Z.B. das Kind gerade beim Einschlafen einfach mal
schreien zu lassen und auch nachts nicht immer gleich zu

springen. Die Verheißung von ungestörten nächtlichen Stunden materialisiert sich dann vor unserem inneren Auge.

Auch mir ist das schon durch den Kopf gegangen, wenn ich, mit den Nerven am Ende, mein Kind im Arm hielt und nur noch verzweifelt war. Denn diese Kinder schlafen dann ja angeblich bald alleine ein und auch durch, wenn sie ihre Mütter nicht mehr durch die Nacht jagen können.

Wäre das nicht ein Traum?

In der Theorie ja. In der Realität hat es jedoch wenig Reizvolles. Denn wenn man bedenkt, dass die oben genannten Schlafphasen bei allen Kindern annähernd gleich sind, ebenso wie das grundlegende Bedürfnis nach Nähe, dann kann das nach heutigen Erkenntnissen nicht der richtige Weg sein.

Vielleicht sollten wir daher die Empfehlung des »Schreien-Lassens« weniger dahingehend beleuchten, ob es für uns Eltern Erleichterung verspricht, sondern danach fragen, woher sie stammt:

1934 erschien erstmals der Säuglingsratgeber »Die deutsche Mutter und ihr erstes Kind« von Johanna Haarer. Diese Dame war eine treue Anhängerin von Adolf Hitler und dessen Ideologien. Das Buch wurde unter anderem in den »Mütterschulungskursen« zur NS-Zeit rege genutzt, die von einem überwiegenden Anteil der Mütter in

Deutschland besucht wurden. Bis in die 1970er-Jahre fand sich dieses Buch, nach einer Neuauflage in einer entschärften Fassung, unter dem Titel »Die Mutter und ihr erstes Kind« in fast jedem Haushalt. Zuletzt wurde es 1996 noch einmal aufgelegt.

Zusammenfassend lässt sich der Erziehungsstil, den Haarer propagierte, mit den Worten »kalt und herzlos« beschreiben. Was wohl auch die Ursache war, dass später eine ihrer Töchter in einem eigenen Buch ziemlich umfassend mit ihr abgerechnet hat.

Das Kind wird nach der Ideologie von Frau Haarer nicht als ein Geschenk, das man hegen und pflegen soll, betrachtet. Es wird als Feind dargestellt, den man nicht verwöhnen darf, um sich keinen Tyrannen heranzuziehen. Ergebnis dieser Erziehungsmethode sind oft ein gestörtes Vertrauensverhältnis und begleitende Störungen, die aus fehlender Nähe resultieren. So verdienen einige Psychologen noch heute gut mit den Folgeschäden der letzten Jahrzehnte.

Was jedoch über so einen langen Abschnitt einen Weg in heimische Kinderzimmer gefunden hat, ist leider bis in die heutige aufgeklärtere Zeit nicht ganz auszumerzen. Vor allem, wenn sich für die Eltern der vermeintliche Erfolg und damit die Entlastung bereits nach wenigen Tagen einstellen. Dabei ist es für unser Kind essentiell, dass es darauf vertrauen kann, dass wir immer für es da sind. Gerade wenn es schreit und uns damit mitteilt, dass ihm etwas fehlt. Denn das daraus resultierende »Urvertrauen« prägt es für sein ganzes weiteres Leben.

Nach Erik H. Erikson, einem deutsch-US-amerikanischen Psychoanalytiker (1902 – 1994), erwirbt ein Baby bereits im ersten Lebensjahr ein Grundgefühl für das Vertrauen in andere Menschen.

»Ich bin, was man mir gibt.«

Wesentlich hierbei sind die Bindung zur Mutter sowie die Nahrungsaufnahme. Hieraus entwickelt sich das Gefühl, sich auf andere verlassen zu können und zu dürfen. Werden die grundlegenden Bedürfnisse nach körperlicher Nähe, Sicherheit, Geborgenheit und Nahrung ignoriert, entwickeln sich Ängste und das Gefühl der Bedrohung der Existenz. Außerdem verinnerlicht das Kind das Gefühl der Machtlosigkeit und jenes, der Situation hilflos ausgeliefert zu sein. Es entsteht die Gefahr eines Ur-Misstrauens und damit verbunden das Gefühl des »Verlassenwerdens«. Eine erschwerte weitere Entwicklung bis hin zu späteren Verhaltensauffälligkeiten können die Folge sein.

Der Rat, das Kind (zeitweilig) schreien zu lassen, ist daher für die geistige und seelische Entwicklung fatal. Kinder haben noch kein Zeitgefühl. Zurück bleiben nur das Gefühl des Verlustes und der Angst sowie die Erfahrung, sich nicht auf die Bezugsperson verlassen zu können. Die Kinder geben irgendwann auf und rufen, selbst wenn sie nachts aufwachen, nicht mehr nach ihren Eltern. Das Urvertrauen ist gestört.

Dass ein Kind sich nachts nicht mehr meldet, bedeutet also nicht, dass es mehr oder besser schläft, oder gar erholter ist. Dies sind dann lediglich die Eltern. Ob dies ein wünschenswerter Zustand ist, nur damit die Eltern mehr Schlaf bekommen, möchte ich bezweifeln. (8)

Aus dem Nähkästchen:
Meine Tochter schläft mit uns im Familienbett. Einerseits, weil wir das möchten, andererseits, weil ich ein faules Stück bin. Ja genau. Ich bin faul und egoistisch. Weil ich dadurch, dass sie bei mir schläft, nachts nicht aufstehen muss, und somit bekommen wir alle mehr Schlaf.
Natürlich musste ich mich deswegen aber schon einigen Diskussionen stellen. »Wie lange soll sie denn noch bei euch schlafen?«, »So schläft sie ja nie im eigenen Bett!«, »Du verwöhnst sie!« usw.

Zeitweilig hatte ich richtig daran zu knabbern. Ich habe wirklich viele Stunden grübelnd verbracht.

Haben die Personen vielleicht doch Recht?

Schade ich meinem Kind damit womöglich?

Bei diesem Gedanken-Pingpong kam ich für mich zu folgendem Ergebnis: Genau genommen gibt es dieses getrennte Schlafarrangement erst seit ca. 200 Jahren.

Über Jahrtausende wäre es undenkbar gewesen, dass Kinder nicht bei ihren Müttern oder später Geschwistern schlafen. Es hätte den sicheren Tod bedeutet. Daher ist es tief im Verhalten und den Bedürfnissen unser Kinder verankert. Und was so lange Zeit überlebenswichtig war, kann doch nicht plötzlich schlecht sein. Oder vielmehr, man kann es nicht einfach ausradieren oder übergehen, nur weil es nicht mehr zu unserem heutigen Bedürfnis nach Unabhängigkeit passt. Dann bin ich über eine Studie des Anthropologen John Whiting gestolpert. Diese besagt, dass in 186 nichtindustriellen Gesellschaften fast 50 % der Kinder das Bett mit ihren Eltern teilen und von den Übrigen zumindest 21 % im gleichen Raum schlafen. So verkehrt kann es also gar nicht sein. Was ich mache, ist hier eben nur unüblich.

Außerdem vergeht die Zeit sowieso wie im Flug, und bevor ich mich versehe, möchte sie ohnehin in ihrem eigenen Zimmer schlafen. Denn die meisten Kinder ziehen, entgegen der Befürchtung der »Nicht-Familien-bett-Schläfer«, im Laufe ihrer Kindergartenzeit von ganz alleine in ihr eigenes Bett.

Und sehen wir es mal ganz pragmatisch: Spätestens, wenn sie ihren ersten Freund hat, wird sie sicherlich ihr eigenes Bett bevorzugen.

Fazit:

Supermütter sind nicht diejenigen, deren Kinder schnell ein- und durchschlafen, sondern jene, deren Kinder glücklich und ohne Angst schlafen können. - Egal ob im eigenen Bett oder bei den Eltern.

Gute oder auch weniger gute Ratschläge

Jeder kennt sie, keiner mag sie: unerwünschte Ratschläge. Ganz weit vorn auf meiner persönlichen Rangliste der Menschen, die sich jeglichen Kommentar sparen könnten, es aber nicht tun, finden sich wildfremde Menschen in öffentlichen Verkehrsmitteln.

Damit sind nicht die nörgelnden Erwachsenen gemeint, die sich einfach vom Kindergeschrei genervt fühlen und mit Kommentaren glänzen wie: »Können sie das nicht mal abstellen?« oder »Haben sie ihr Kind nicht im Griff?«

Ich war selbst lange genug ohne Kind unterwegs und habe mehr als einmal über plärrende Kinder im Bus die Augen verdreht. Zwar bin ich jetzt auf der Seite der Störfraktion, aber trotzdem weiß ich noch, wie es ist, genervt von der Arbeit zu kommen und dann im Bus einen spontanen Tinnitus von einem kleinen Zwergenterroristen verpasst zu bekommen.

Was mich innerlich um Selbstbeherrschung ringen lässt, sind die Leute, die es eigentlich besser wissen müssten. Denn sie haben selbst Kinder, wenn nicht sogar Enkel.

Das wäre doch wirklich ein Grund, die Nerven einer ohnehin gestressten Mutter zu schonen und den Mund zu halten. Aber nein, das vermeintliche Helfersyndrom gewinnt leider nur zu schnell die Oberhand. Denn die zumeist schon zielsicher auf die Rente zugehenden Personen möchten uns unbedingt helfen und müssen ihr Wissen augenscheinlich einfach teilen. Prinzipiell ist dies ja auch eine nette Geste, dennoch kann es sehr anstrengend sein.

An guten Tagen kann ich so ein Gespräch auch ohne Weiteres verkraften und habe sogar meine Freude daran. Ich tausche mich gerne aus und weiß, dass man vom Wissen der älteren Generation durchaus profitieren kann. Doch im Rückblick hatte ich ein solches Gespräch noch nie an einem guten Tag. Vielmehr traf es mich, wenn ich eh schon gereizt war, weil mein Kind mal wieder einen richtig quengeligen Tag hatte, weil ich zu spät dran war, weil sowohl Hose als auch Oberteil großzügig mit Essen, Spucke oder sonstigen Körperflüssigkeiten versaut waren. Genau dann saß unter Garantie noch eine nette ältere Dame im Sitz gegenüber und ließ über das Geschrei meines Kindes hinweg ihrem Redebedarf freien Lauf.

Sie hatte sich aufgrund ihrer langjährigen Erfahrung innerhalb von Sekunden ein Bild davon gemacht, was im Umgang mit meiner Tochter falsch oder richtig lief, und natürlich musste sie mich umgehend daran teilhaben lassen - ob ich wollte oder nicht.

Von diesen Profis könnte sogar die Super Nanny noch etwas lernen!

Üblicherweise starteten diese Dialoge mit Kommentaren über Müdigkeit, Hunger und wie süß die kleine Maus doch ist.

Mit einem Blick auf den hochroten Kopf der »süßen kleinen Maus«, der gerade Rotz aus der Nase rinnt und dabei Blasen wirft, und im Hinblick auf ihr stetiges, nervenraubendes Quengeln war an dieser Stelle jedoch schon klar: Da kommt noch was.

In so einer Situation muss man genau darauf achten, was man antwortet. Am besten nur lächeln, nicken und ein Buch zum Vorlesen aus der Tasche ziehen. Auch Handys bieten sich als ernstzunehmende, wenn auch unhöfliche Alternative an. Sonst befindet man sich im Handumdrehen mitten in einer Diskussion über Schnuller, Schlafgewohnheiten, den Öko-Quatsch und gute alte Hausmannskost - in Kombination mit Vorträgen über die mangelnde Höflichkeit der heutigen Jugend und Abhandlungen über Fehler in der Kindererziehung - der Stoff, aus dem Schlagzeilen für Boulevardzeitungen gemacht werden.

»Mutter stopfte sich Schnuller in die Ohren und sang dabei laut: Es tanzt ein Bi-Ba-Butzemann. Rüstige Rentnerin war hautnah dabei.«

Aber selbst wenn wir es doch schaffen, uns zusammenzureißen, letztendlich möchten wir nach den ersten 5 Minuten dann nur noch eins: Ganz schnell weg, bevor die in die Jahre gekommene Mary Poppins gleich noch bei uns einziehen möchte.

Da lobe ich mir doch den älteren Herrn, der dem Kindergebrüll mit einem Lächeln und Nicken begegnet und nur meint: »Hauptsache gesund!«

Noch lieber als die spontanen verbalen Ergüsse Wildfremder ist mir jedoch die unreflektierte Kritik von nahen Verwandten oder engen Freunden. Ob es die eigenen Mütter, Väter, Schwiegereltern oder vermeintlich beste Freundinnen sind, scheinbar bekommt man von fast jedem einmal ein »Ich möchte dir ja nicht zu nahe treten, aber ...« zu hören.

Zum Beispiel:
»Ich will dir ja nicht zu nahe treten, aber...

- du solltest strenger sein.
- du solltest sie/ihn auch mal schreien lassen.
- er/sie müsste schon längst durchschlafen.
- er/sie sollte nicht immer herumgetragen werden.

- du verwöhnst ihn/sie zu sehr.
- du bist eine Glucke.

...«

Mit dem ein oder anderen Punkt wurden wir wahrscheinlich alle schon mal konfrontiert - entweder mit kritisch gerunzelter Stirn oder vermeintlich humorvoll verpackt. Letztendlich ist aber klar, dass es dem anderen nicht passt, wie man mit dem eigenen Kind umgeht. Das geht dann oft nicht nur unter die Gürtellinie, sondern führt auch zu gefühlt endlosen und oft ergebnislosen Diskussionen.

Gerade wenn man einen schlechten Tag hat und aufgrund von durchwachten Nächten oder eines trotzenden Kleinkindes nur auf die Markteinführung von Kaffee mit Baldrian wartet, können wiederkehrende »gute Ratschläge« und die damit einhergehende Kritik die Geduld mehr als strapazieren. Selbst die vermeintlich stabilsten Grundfesten können da schon mal ins Wanken geraten.

Doch warum machen Menschen das überhaupt?

Warum können manche Personen nicht akzeptieren, dass man selbst einen anderen Weg eingeschlagen hat?

Warum dürfen wir die betreffende Person nicht einfach mal mit Paketklebeband einwickeln, um ihr dann in aller

Ruhe zu erklären, wo sie sich den einen oder anderen guten Rat hinstecken kann?

Das Positive: Das Aufdrängen unerwünschter Ratschläge liegt dabei größtenteils gar nicht an uns oder daran, dass wir wirklich etwas falsch machen.

Zum einen empfindet der Kritisierende es einfach als eine Aufwertung der eigenen Person, wenn er immer wieder klar macht: »Ich weiß mehr als du. Ich habe Ahnung!«

Zum anderen spiegelt es häufig das Wertesystem wider, in welchem die Person erzogen wurde und welches sie auch an die eigenen Kinder weitervermitteln wollte. Es werden sozusagen die eigenen Erziehungsmethoden verteidigt.

Dieses Phänomen ist gerade bei älteren Semestern vertreten und geht bisweilen sogar so weit, dass diese Menschen sich von anderen Erziehungsmethoden und Lebensweisen regelrecht bedroht fühlen. Dies äußert sich nicht selten durch ungebetene, zum Teil recht heftige Kritik und kann - wenn man nicht achtgibt – schnell in einen richtigen Streit ausarten.

Dennoch sollten wir nicht aus den Augen verlieren, dass auch ein für uns unbequemer Rat durchaus einen wahren Kern enthalten kann. Daher sollte nicht jeder Satz im Vorfeld als Unsinn abgetan werden.

Also, wie reagieren wir am besten?

Erst einmal das Paketklebeband und die Ohrstöpsel wieder wegräumen. Wir sollten natürlich wenigstens versuchen, das Thema mit etwas Abstand auf der Sachebene zu betrachten.

Wir sollten vor allem auch das Gesagte nicht sofort persönlich nehmen, sondern uns fragen, ob sich nicht vielleicht doch ein Nutzen daraus ziehen lässt.

Auch empfiehlt es sich, uns selbst und dem anderen zuliebe nicht zwischen den Zeilen zu lesen. Sobald Unsicherheiten darüber entstehen, was unser Gegenüber meint, heißt es: Direkt nachfragen!

Die besten Vorbilder habt ihr schließlich in euren eigenen Kindern.

Erst letzte Woche hat meine Tochter es geschafft, in weniger als 10 Minuten über 40 Mal »Warum?« zu fragen.

Eine solche Penetranz bringt einfach jede schlechte Argumentation zum Einsturz und trennt die Spreu vom Weizen. Vielen Besserwissern gehen nämlich ganz schnell die logischen Argumente aus und sie verfallen in Floskeln - und eine Äußerung ohne Beweis ist kein Argument, sondern nur eine Behauptung.

Ein beliebter Kritikpunkt, der immer wieder gerne angebracht wird, ist zum Beispiel das viel zitierte

»Verwöhnen«. Jahrzehntelang wurde mit der Begründung »Schreien kräftige die Lungen« die Vernachlässigung des eigenen Kindes nicht nur entschuldigt, sondern sogar als nützlich befürwortet. Es wurde behauptet, dass man sein Kind zu Tyrannen mache, wenn man es tröstet. Leider ist diese Ansicht vielfach auch heute noch fest in den Köpfen verwurzelt.

Tatsache ist jedoch, dass der Nutzen dieser lange praktizierten Methoden eindeutig widerlegt ist. Man weiß mittlerweile, dass das »Schreienlassen« ernstzunehmende Folgen für die physische und psychische Entwicklung eines Kindes haben kann. Ebenso, dass man ein Kind durch Trösten und einen liebevollen Umgang nicht »verwöhnen« kann. (8)

Neben vielerlei althergebrachtem Unfug gibt es aber auch immer wieder durchaus brauchbare Ratschläge. So erläuterte mir meine Schwiegermutter beispielsweise, wie man durch Erklärungen bei Kindern wesentlich weiter kommt als mit strikten Verboten. Wenn Kinder verstehen, warum sie manches nicht dürfen, machen sie es in der Regel auch nicht. Das allein ist natürlich noch kein Grund, das Kind mit den Erbsen im Zimmer alleine zu lassen und fest darauf zu vertrauen, dass es sich diese nicht in Nase oder Ohren stopft. Dennoch stehen die Chancen wesentlich besser als bei Kindern, denen man nicht erklärt hat, dass der darauffolgende Arztbesuch mehr als unangenehm sein wird.

Praxisbeispiel für die Erläuterungen meiner Schwiegermutter war natürlich mein Mann. Dadurch habe ich dann gleich beide Seiten der Geschichte gehört. Und ja, es funktioniert. Und ja, ich bin meiner Schwiegermutter mehr als dankbar für dieses lange Gespräch. Denn glücklicherweise gehört sie nicht zur Zunft der »Drachen«.

Zwar wird mir beim Beantworten der ganzen »Warum«-Fragen meiner Tochter schon mal der Mund trocken und bisweilen bin ich überzeugt, dass die Fragerei nie enden wird. Doch dann hat sie es plötzlich begriffen und ich könnte jedes Mal vor Stolz platzen, wenn sie auch Wochen später die Zusammenhänge herstellt.

Von daher gilt: Zuhören, aber auch Grenzen ziehen.

Wir sollten dem Ratgebenden sagen, dass wir uns seinen Rat gerne anhören, wenn er ihn belegen kann. Und vorausgesetzt, dieser Rat ist wirklich auf die eigene familiäre Situation anwendbar. So ist beispielsweise nicht jedes Kind mit einem Schnuller ruhig zu stellen.

Bei den besonders penetranten Besserwissern hat man wenigstens eine winzige Chance, sie durch das Verlangen eines Beweises erst einmal mundtot zu machen. Zudem erreicht man vielleicht, dass sie sich wirklich mit dem Thema auseinandersetzen, statt nur Althergebrachtes wiederzugeben und vorzubeten. Die unendliche Informationsvielfalt des Internets oder Fachlektüre aus der Buchhandlung haben schon einige zum Umdenken gebracht.

Um Streit von vornherein zu vermeiden, ist es jedoch unerlässlich, dass das Gegenüber sich ernstgenommen fühlt. Trotz oder gerade wegen aller Freude an Diskussionen. Je nach Charakter kann die Person sich sonst fälschlicherweise angegriffen fühlen. Es sollte aber auch klar gemacht werden, dass Kritik, so nett sie vielleicht gemeint ist, verletzen oder schlicht unangebracht sein kann, zum Beispiel wenn die Eltern vor dem Kind kritisiert werden.

Niemand wird gerne kritisiert, denn dies bedeutet für uns häufig die Ablehnung dessen, was wir tun, bis hin zu unserer Person. Wir fühlen uns abgewertet und schlecht. Dies sollte der anderen Person im eigenen Interesse deutlich gemacht werden.

Doch wir haben neben dem Zuhören, Ignorieren und Kriegsbeilausgraben eine weitere Option: Lernen, richtig zu kritisieren. Dies hilft nicht nur im Bereich der Kindererziehung.

Ja, man kann richtig kritisieren. Auch wenn die Thematik hier wohl unter Hausfrauenpsychologie fällt, kann sie uns doch helfen, uns das Leben ein klein wenig leichter zu machen.

Richtig kritisieren bedeutet, dass wir uns so äußern, dass unser Gegenüber sich möglichst nicht verletzt fühlt und dadurch mit dem Gesagten besser arbeiten kann. Man spart sich also jede Menge Streit und unnütze Diskussionen. Natürlich ist diese Strategie nicht immer im ersten Anlauf oder bei jeder Person gleichermaßen erfolgreich. Dennoch gilt es hier mit gutem Beispiel voranzugehen.

Doch wie kritisiert man richtig?

* Klage dein Gegenüber nicht an, sondern wähle die Ich-Form: »Es würde mich freuen, ...«, »Es macht mich traurig, ...« oder einfach ganz ehrlich »Es geht mir tierisch auf die Nerven, ...«

- Verallgemeinere nicht, sondern beziehe dich auf eine bestimmte Situation. Niemand hört gerne, dass er »nie« etwas richtig macht.
- Verbinde das Gesagte mit etwas Positivem. Ein Lob macht auch harte Kritik erträglicher.
- Versuche dich in dein Gegenüber hinein zu versetzen.
- Sag eindeutig, was du erwartest. Denn wie soll dein Gegenüber etwas für dich besser machen, wenn er gar nicht weiß was.

Zu guter Letzt: Werde nicht persönlich. Du kritisierst eine Verhaltensweise, nicht die Person selbst.

Beispiel:

So ist Streit vorprogrammiert:

»Immer musst du mir in die Kindererziehung reinreden. Du hast doch keine Ahnung! Nur weil man das zu deinen Zeiten so gemacht hat, als die Affen gerade von den Bäumen geklettert sind.«

So klingt es doch gleich ganz anders:

»Es ärgert mich und macht mich auch traurig, dass du meine Art der Kindererziehung nicht akzeptierst und mich eben vor allen kritisiert hast. Mir ist bewusst, dass du auf dem Gebiet sehr viel Erfahrung hast, schließlich hast du selbst ein Kind großgezogen. Ich wünsche mir, dass du das, was du mir zu meinem Verhalten zu sagen hast, unter vier Augen mit mir besprichst. Gerne höre ich mir dann deine Meinung an und werde darüber nachdenken, ob ich davon etwas für mich übernehmen kann. Ich möchte dich jedoch bitten zu akzeptieren, dass ich meinen eigenen Weg gehe.«

Ja ich weiß, zu Anfang ist dies ziemlich umständlich und klingt auch etwas geschwollen. Aber ich denke, das Grundprinzip ist verständlich. Und wie auch immer man es formuliert, bei der einen oder anderen Schwiegermutter wird es schon zur Herausforderung so lange das Wort zu haben, um das alles sagen zu können. Also: Ruhig daheim vor dem Spiegel schon mal üben, damit alles sitzt. Wenn man sich dadurch nämlich eine endlose Diskussion ohne nennenswertes Ergebnis spart, hat sich die Mühe schon gelohnt. Und wenn es nicht gleich beim ersten Versuch klappt, dann vielleicht beim Zweiten oder Dritten. Denn Hartnäckigkeit zahlt sich hier aus.

Hat man die erste Hürde geschafft und das Gespräch auf später unter vier Augen verschoben, heißt es erst einmal durchatmen!
Im Geiste kann man sich dann schon einmal die eine oder andere Randnotiz machen und sich etwas auf das

Gespräch vorbereiten. Auch das heimliche Zurateziehen des Internets mittels Handy auf der Toilette, um einige handfeste Argumente parat zu haben, ist vollkommen legitim.

Sobald die Schlacht beginnt, heißt es dann: Zuhören und intensiv nachfragen!

Dies birgt die Möglichkeit auszuloten, wie viel fachliche Kompetenz und wie viel persönliche Meinung in einer Aussage stecken. Viele Kritiker verstummen recht schnell, wenn man gezielt nachfragt und mehr Aussagekraft erwartet als »Das war schon früher so« und »Du bist schließlich auch groß geworden«. Dennoch fühlt sich unser Gegenüber ernst genommen, wenn wir uns Zeit für dieses Gespräch nehmen.

Zudem könnte sich herausstellen, dass unser Gesprächspartner tatsächlich weiß, wovon er spricht.

Also: Erst zuhören, darüber nachdenken und dann reagieren.

Und sollte alles nichts helfen und keinerlei Logik fruchten, kann man immer noch das Kriegsbeil ausgraben. Dann hat man es wenigstens versucht.

Aus dem Nähkästchen:

Da unser Weg mit Familienbett und Langzeitstillen für die hiesige Region recht ungewöhnlich ist, führte dies natürlich immer wieder zu Gesprächen bei Mama-Runden, schließlich machte ich nie ein Geheimnis daraus.

In flüsterndem Ton, der natürlich erst recht jede Aufmerksamkeit auf sich zog, kam bei mehreren dieser Runden schon mal die Frage: »Stillst du eigentlich immer noch?« - gern auch in Kombination mit »Schläft sie immer noch bei euch im Bett? Bei uns würde das nie gehen.«

Und egal, wie überzeugt ich noch vor wenigen Sekunden war, es überfiel mich doch schlagartig ein schlechtes Gefühl. Ich fühlte mich angegriffen.

Ohne mir dessen bewusst zu sein, ging ich direkt in Verteidigungshaltung und kramte in meinem Kopf schon einmal alle wichtigen Argumente hervor. Denn gerade der Nachsatz »Bei uns würde das nie gehen.« schien für mich förmlich darauf hinzudeuten, dass ich etwas falsch mache.

Prompt ließ ich die Oberlehrerin raushängen und betete die Vorteile von langem Stillen und Familienbett herunter, als ginge es um unser aller Seelenheil.

Zum Glück kann ich an dieser Stelle sagen: Gute Freundschaften überstehen auch mal eine Oberlehrerin, solange es nicht überhandnimmt.

Irgendwann habe ich dann doch in einem meiner lichten Momente nochmal nachgefragt. In dem folgenden Gespräch hat sich herausgestellt, dass die Ursprungsfrage überhaupt nicht als Kritik gemeint war. Es war vielmehr ein interessiertes Nachfragen, weil die betreffende Mutter selbst das intensive Kuscheln mit ihrem Kind vermisste, das ein Familienbett möglich macht. Dieses war für sie leider keine Option, da ihr Zwerg einfach nicht schlafen konnte, wenn jemand neben ihm lag – nicht einmal, wenn er krank war.

Ich hatte vermeintlich zwischen den Zeilen gelesen und nur auf der emotionalen Ebene zugehört, anstatt viel früher einmal nachzufragen. Und ja, in diesem Moment habe ich mich auch etwas geschämt, weil ich mein Kopfkino einfach auf andere projiziert habe. Seither versuche ich, erst zu fragen und dann zu urteilen.

Fazit:

Auch wenn es uns den letzten Nerv kostet, wir müssen erst einmal bis zum Ende zuhören und nachfragen. Erst dann können wir einschätzen, was die Person uns wirklich sagen bzw. fragen möchte.

Wie mache ich das nur mit dem Haushalt?

Egal, ob eine Mama arbeitet oder mit dem Kind zu Hause ist: Der Haushalt scheint nie ein Ende zu nehmen. Nie hat der Tag genügend Stunden. Immer stehen auf der To-do-Liste am Ende des Tages noch unzählige offene Punkte.

Im ersten Jahr wollte ich am liebsten niemanden in unsere Wohnung lassen. Und das, obwohl zu diesem Zeitpunkt der Wiedereinstieg in den Beruf noch in weiter Ferne lag. Berge von Kinderspielzeug in der Wohnung verteilt, dreckiges Geschirr in der Küche, und die Wäsche stapelte sich. Gerade die erste Zeit, als ich nach dem Rundumservice des Krankenhauses wieder in den eigenen vier Wänden ankam, war es nicht selten deprimierend, dass die einfachsten Dinge auf der Strecke blieben.
Etwas Richtiges kochen?
Oft undenkbar. Ich glaube, ich hatte noch nie so viel Tiefkühlpizza im Gefrierfach.
Das Einzige, was ich konsequent verfolgt habe, war das Staubsaugen. Mit Hund und zu diesem Zeitpunkt zwei Katzen war das für mich ein unverzichtbares »Muss«, wenn ich nicht hinterrücks von einem riesigen Fellknäul angefallen und gefressen werden wollte. Die täglichen

Arbeiten waren oft nur mit Hilfe der Babytrage möglich. Mein Kuschelkind war nämlich nicht der Meinung, dass es ein erstrebenswerter Zeitvertreib sei, sich alleine zu beschäftigen. Sie wollte immer dabei sein, und so ist das auch heute noch. Was Mama macht, ist tausendmal interessanter als Lego, Puzzles oder Malen. Und Schreienlassen ist wie gesagt einfach nicht mein Ding.

Dann kommt man in DIESE Wohnung. Egal, ob sie einer Freundin, guten Bekannten, Nachbarin oder sonst wem mit Kind gehört. Wir sind hin und her gerissen zwischen Staunen, Neid und ab und an auch einer guten Portion Frust. Alles sieht aus wie aus einem Hochglanzmagazin, und das personifizierte schlechte Gewissen lächelt uns auch noch entspannt entgegen.

Nichts zu spüren von dem Druck und dem Stress, der mich und auch viele andere Mütter verfolgt, wenn wir versuchen, die kleinen und großen anfallenden Arbeiten auf die Reihe zu bekommen. Schließlich fühlt sich fast die Hälfte aller Eltern zeitlichem Stress ausgesetzt. (9) Doch diese Frau gegenüber, die man eigentlich sehr gerne mag und mit der man gerne Zeit verbringt, leuchtet förmlich vor Gelassenheit. Sie serviert Kaffee und Kuchen, den sie am Abend zuvor noch schnell gezaubert hat, und ich fühle mich mit meinem nagenden schlechten Gewissen so entspannt wie bei einer Klassenarbeit, für die ich nicht gelernt habe.

Dann kommt dieser Tag, an dem man unangekündigt vorbeischaut, weil man Sehnsucht nach einem Mamaplausch hat. Wer versteht einen schließlich besser als die Leidensgenossin?

Man steht im Flur und stellt mit einem Blick durch die angelehnte Tür zum Nebenzimmer fest: Eigentlich ist es hier auch nicht anders als bei uns. Im Schlafzimmer stapeln sich die Körbe mit der Wäsche, die noch eingeräumt werden muss. Und bei fast jeder Mutter sieht die Arbeitsplatte nach dem Essen aus wie nach einer mittleren Explosion. Das Spielzeug verteilt sich vom Wohnzimmer bis ins Bad, und eine einzelne Kindersocke hat es irgendwie zwischen die Sofakissen geschafft.

Wer es sich nicht sowieso gedacht hat, für den ist es eine kleine Erleuchtung: Jeder Mama fehlt die Zeit, immer konsequent alles aufzuräumen. Unsere kleinen Boten des Chaos bringen jedes Leben durcheinander. Die Frage ist nur, wie man damit umgeht.

So viele Mütter, wie es gibt, so viele unterschiedliche Methoden gibt es zur Bekämpfung der Unordnung und Handhabung des Alltags. Mancher benutzt Aufgabenpläne für die ganze Woche, strikt schriftlich festgehalten und gut sichtbar aufgehängt. Dann gibt es diejenigen, die täglich ein bisschen machen und mit dem Rest leben - hierzu gehöre ich übrigens.

Auch die regelmäßig helfende Hand in Form einer Putzhilfe ist nicht so selten, wie man glaubt. Aber eines haben sie alle gemeinsam: Sie helfen nur, das Chaos einzudämmen, verhindern können sie es nicht.

Lasst euch nicht von Momentaufnahmen täuschen, wir teilen uns alle das Los einer nie enden wollenden Sisyphus-Aufgabe.

Aus dem Nähkästchen:

Ich bin täglich etwa gegen 16:00 Uhr zu Hause. Was dann folgt, ist fast immer das Gleiche: Kuscheln, Spielen, Anschmeißen einer Maschine Wäsche, Aufräumen, Staubsaugen, Vorbereiten des Abendessens und natürlich Essen, dann wird noch einmal gespielt und gelesen. Und bevor ich mich versehe, ist schon Zeit fürs Bettchen. Alternativ kommen wir nach Hause und machen direkt einen Abstecher zu unserer lieben Nachbarin, die eine Tochter im gleichen Alter hat. Dann müssen das Staubsaugen und Aufräumen auch mal bis zum nächsten Tag warten.

Das gewährleistet eine gewisse Grundordnung, bedeutet jedoch nicht, dass ich jeden unangekündigten Besucher in meine Wohnung lassen würde. Und vor allem würde ich nicht unbedingt jemanden in mein Schlafzimmer lassen, wo die meiste Zeit der Woche die saubere Wäsche darauf wartet, wieder in den Kleiderschrank einziehen zu dürfen.

Oder ins Badezimmer, wo die Kalkflecken auf den Armaturen ihr ungestörtes Dasein bis zum nächsten Wochenende fristen.

Mit dieser Lösung geht es mir ganz gut. Ich mache mir keinen Stress mehr und verbanne den Gedanken »Was würden wohl die anderen denken?« irgendwo in die Untiefen meines Unterbewusstseins.

Alle paar Wochen überkommt mich dann ein kleiner »Anfall« von Aufräumwut und ich schicke Mann und Kind am Sonntag zu den Schwiegereltern oder in den Tierpark. Die dadurch mögliche Grundreinigung geht dann schon mal über den regulären Großputz am Wochenende hinaus. Mein Mann kennt das und freut sich dann über die mit der Zahnbürste grundgereinigte Dusche und geputzten Fenster.

Es ist sicherlich nicht verwunderlich, dass trotz aller Bemühung, das gelegentliche Chaos zu ignorieren, eine Putzhilfe bei mir ähnlich weit oben auf der Wunschliste steht wie Ausschlafen oder ein Friseurbesuch. Da mein Konto aber weinend sein Haupt senkt, nutze ich bei Besuch auch weiterhin die Methode »Tarnen und Verstecken«.

In die Rubrik »Supermami« werde ich mit meiner Leistung sicher nicht einziehen. Dafür habe ich aber die Zeit, mit meinem Kind quietschend durch den Sommerregen zu laufen, und muss mir hinterher keine Sorgen um die nassen Fußspuren machen. Die trocknen wieder und fallen neben den Pfotenabdrücken des Hundes ohnehin nicht weiter auf.

Fazit:

Wo Kinder leben, ist das Chaos nicht weit. Das ist nichts, wofür man sich als Mutter schämen müsste, es ist vielmehr eine nicht zu verhindernde Begleiterscheinung glücklicher Kinder.

Die »Superväter«

Schon im Geburtsvorbereitungskurs bin ich dem ersten begegnet: einem »Supervati«.

Mitunter hatte ich, sobald er den Mund aufmachte, das Gefühl, er hätte jegliche zu bekommende Information in sich aufgesaugt. Dieser Mann hatte unzählige Bücher gelesen, kannte eine Vielzahl von Statistiken, wusste genau, was mit seiner Frau wann los war. Er war so schrecklich verständnisvoll, dass ich unweigerlich Gänsehaut bekam.

Vielleicht lag es daran, dass während meiner Schwangerschaft sowieso der große, böse Drachen in mir wohnte und nur darauf wartete, ausbrechen zu dürfen. Aber ich war einfach genervt und hätte seinen Redeschwall am liebsten mit riesigen Mengen Panzertape gestoppt. Und eines war mir in diesem Moment klar: Bin ich froh, dass ich so ein Exemplar nicht zu Hause habe!

Natürlich wollte auch ich in der Schwangerschaft verhätschelt werden, die Füße massiert und den Rücken gestreichelt bekommen. Alle Leckereien, die mir in den Sinn kamen, sollten bitte ihren Weg zielsicher vom Kühlschrank zu mir finden!

Die meiste Zeit war das jedoch Wunschdenken. Mein

Mann arbeitete von morgens bis abends, und nachdem ich von meinem Frauenarzt krankgeschrieben werden musste, durfte ich mein voluminöses Dasein alleine auf der Couch beim einschläfernden Mittagsfernsehprogramm fristen.

Auch nachdem unsere Tochter auf der Welt war, wünschte ich mir verständlicherweise Unterstützung durch meinen Mann und hätte gerne einfach die Füße hochgelegt, um einmal fünf Minuten Ruhe zu haben. Doch nach 4 Wochen Elternzeit, in denen er mir so gut er konnte zur Hand ging, startete für ihn wieder der Arbeitsalltag.

Ich fühlte mich manchmal ziemlich alleine mit Kind, Haushalt und den ganzen kleinen Zipperlein und Sorgen.

Natürlich hatte er, wie viele andere Väter, ein klares Bild davon, was einen guten Vater ausmacht. Er interessierte sich von Anfang an für den Alltag unserer Tochter und später dafür, was in der Kita so passiert.

Ihm ist es wichtig, möglichst viel Zeit mit unserem Kind zu verbringen, sie auch zu wickeln, zu füttern, mit ihr zu toben und zu lachen. Letztendlich bemüht er sich wo er kann, was ich in meinen guten Momenten auch sehe und zu schätzen weiß. Leider werden die Momente rarer, je mehr mein Stresslevel steigt und die verschiedenen Phasen, Schübe und Zähne meiner Tochter an meinen

Nerven zehren.

Es geht wohl vielen Vätern so. Sie wollen wenigstens über Erzählungen vermittelt bekommen, was den ganzen Tag so passiert, um zumindest auf diesem Wege am Leben ihrer Kinder teilhaben zu können. Dies zeigte auch ganz klar die von der Zeitschrift »Eltern« in Auftrag gegebenen Forsa-Umfrage 2014: 81 % der befragten Väter ist es wichtig, über den Alltag ihrer Kinder informiert zu sein. Denn nur allzu häufig sind die Schilderungen der Mütter die einzige Möglichkeit, daran teilzuhaben.

Väter fühlen sich auch heute noch als Ernährer und dadurch für das Glück ihrer Familie verantwortlich. Von den 89 % der Väter, die in Vollzeit arbeiten, wünschen sich jedoch 43 % mehr Zeit mit der Familie. 15 % haben sogar das Gefühl, weder Beruf noch Familie wirklich gerecht zu werden. Das führt unweigerlich dazu, dass beachtliche 17 % der Väter sich manchmal völlig überfordert fühlen. (10) Sie fühlen sich von ihren Pflichten und eigenen Ansprüchen mitunter einfach zerrissen.

Ich weiß, das sind viele Zahlen. Glaubt mir, ich habe schon ziemlich zusammengekürzt, damit ihr mir nicht einschlaft und auf die Seiten sabbert. Es zeigt jedoch, dass es vielen Vätern ähnlich geht und hilft uns vielleicht, sie ein bisschen besser zu verstehen. Vielleicht sollten wir daran denken, bevor wir unseren heimkommenden Partner das nächste Mal mit den Worten »Du hast schon wieder nicht ...« begrüßen.

Sie balancieren auf dem schmalen Grat zwischen Familie und Arbeit, liebevollem Vater und häufig abwesendem Ernährer. Ständig schwebt das Damoklesschwert von drohenden Fehlzeiten über ihnen, die durch Elternzeit oder Krankheiten, die der Nachwuchs so großzügig weitergibt, entstehen. Trotz aller Wünsche schaffen es lediglich 30 % aller Väter, unter der Woche täglich 30 - 60 Minuten mit ihrem Spross zu verbringen, bei 29 % sind es bis zu zwei Stunden. Lediglich 18 % der Väter haben 3 und mehr Stunden am Tag für ihre Familie. Zwar macht der Familienzuwachs sie glücklicher - die weit aufklaffende Schere zwischen Wunsch und Wirklichkeit bewirkt jedoch eher das Gegenteil. (10)

Wirft man einen Blick auf die Umfrage des Meinungsforschungsinstitutes Allersbach von 2015, wird die Triebfeder dieser Selbstkasteiung schnell klar: Väter wollen zwar für ihre Kinder da sein, möchten jedoch nicht die Nachteile, die uns Frauen so oft blühen, in Kauf nehmen. Sie sind die »Ernährer«. Die Angst vor einem Verlust des Einkommens und damit des Glücks ihrer Familie ist groß. (11)

Schaut man sich die Verteilung der Aufgaben im Haushalt an, verwundert es wenig, dass hier zumeist eine traditionelle Rollenverteilung vorherrscht. Schließlich arbeitet von uns Mamas nur ein sehr kleiner Teil in Vollzeit. Wir kümmern uns um Wäsche, Putzen, Kochen, Veranstaltungen in Schule/Kita, Pflege und Alltagsbetreuung unseres Nachwuchses. Die Väter arbeiten zumeist in Vollzeit und sind für das Geld verantwortlich. (9)

Wir haben einfach mehr Zeit für unseren »unbezahlten Erstjob« - Kind und Haushalt.

Aber wie es nun eben so ist - Hand aufs Herz:
Bei wem hat genau diese Aufteilung nicht schon zu hitzigen Diskussionen geführt?
Wer fühlte sich dadurch nicht schon mal ungerecht behandelt?

Bei uns hing aus diesem Grund mehr als einmal der Haussegen schief, und es wird sicherlich nicht das letzte Mal gewesen sein. Denn während die Pflege sozialer Kontakte, Einkäufe und Besorgungen häufig noch partnerschaftlich geteilt werden, rotieren wir den ganzen Tag im Haushalt, während unsere Männer »nur« arbeiten. Ständig hat man das Gefühl, dass es entweder nicht gesehen oder als selbstverständlich erachtet wird, was man leistet.

Tatsache ist jedoch, dass die verschiedenen Wahrneh-
mungen zum Teil vollkommen auseinander driften. Während lediglich 18 % der Mütter der Meinung sind, dass
auch diese Aufgaben partnerschaftlich geteilt werden,
sind 44 % der Väter dieser Meinung. (9) Die Wahrnehmung der Paare passt also nicht zusammen, erklärt aber
so manche Diskussion. Denn warum etwas loben, von
dem der Partner denkt: Ich mach doch auch was, aber
sagt sie Danke?

Aus dem Nähkästchen:

Ein gemeinsames Kind ist nicht nur Bereicherung, sondern auch Belastung für eine Beziehung. Ich glaube,
diese Erfahrung haben wir mittlerweile alle gemacht. Wir
schweigen es nur allzu gern tot, denn schließlich wartet
der nächste mahnende Zeigefinger direkt um die Ecke.

Aber auch wir haben das Recht zu sagen, wenn uns alles
zu viel wird. Und auch mal laut ins Kissen »Scheiße« zu
brüllen, wenn mal wieder so gar nichts lief, wie es sollte.
Denn die auf uns zeigenden Finger sind viel zu häufig
»nur« unsere eigenen Ansprüche.

Wie viele andere habe ich mir das Leben mit Kind, bevor
es auf der Welt war, sehr rosig ausgemalt. Denn mit
einem Kind wird doch alles besser. Und mit wenig Schlaf

kann ich umgehen, alles halb so wild!

Ich hatte keine Ahnung, wie sehr die Verantwortung, der Schlafmangel und das permanente Gefordertsein an mir zehren würden. Wie es mir vor allem zusetzen würde, dass ich wochentags hauptsächlich auf mich alleine gestellt bin.

Wie bei so vielen anderen Dingen, die das Muttersein so mit sich bringt, habe ich geflucht und mich - zugegeben - auch ab und an in Selbstmitleid gesuhlt und in manchen Momenten meinem Partner die Schuld gegeben.

»Würde er mir nur mehr helfen, wäre alles besser ...«

Natürlich sind Groll und Streit vorprogrammiert, wenn man dem Partner mit solchen Gedanken gegenübertritt.

Gerade wenn ich mal wieder mit krankem Kind zu Hause sitze, der Haushalt aus dem Ruder läuft und mein Mann abends nach Hause kommt und es wagt zu erwähnen, wie schwer sein Arbeitstag doch war ...

Es schaukelt sich hoch, ich explodiere irgendwann, und nachdem sich der erste Staub gelegt hat, reden wir darüber.

Meistens unterstützt mich mein Mann dann die nächsten Tage etwas mehr im Haushalt. Dann fängt alles wieder von vorne an.

Ich weiß es - er weiß es, und es ist eben so.

Dennoch waren die häufigen und ziemlich langen Gespräche sehr aufschlussreich. Denn wir redeten auch ausführlich darüber, welcher Druck auf meinem Mann lastet. Dass er das Gefühl hat, die ganze Verantwortung für das Glück unserer kleinen Familie läge auf seinen Schultern. Er versucht sein Bestes in der Firma zu geben, um beruflich erfolgreich zu sein. Schließlich bedeutet dies mehr Gehalt und häufig einige Sorgen weniger im Alltag.

Auf der anderen Seite wünscht er sich, Zeit mit unserer Tochter zu verbringen. Es macht ihn wahnsinnig traurig, wenn er wieder etwas Wichtiges verpasst hat und es nur per Video oder Foto sehen kann.

Aus einer gewissen Distanz betrachtet ist es auch häufig nicht das Geschehene oder eben die fehlende Hilfe, die mich so wütend macht, sondern vielmehr meine eigene Unzufriedenheit. Ich ertappe mich dabei, dass ich unbewusst einen Schuldigen suche, wenn alles, egal wie sehr ich mich auch bemühe, einfach nicht so klappt, wie es soll. Wenn meine Nerven blank liegen, weil meine Tochter und die kleinen und größeren Belange des Alltags darüber kratzen wie Fingernägel über eine Tafel.

Der Schuldige ist dann schnell gefunden - in Form der Person, die den ganzen Tag ja »nur« am Schreibtisch sitzen muss.

Dann mache ich es meinem Partner plötzlich zum Vorwurf, dass er, anstatt die Spülmaschine auszuräumen, lieber die wenigen wachen Minuten mit unserem Kind verbringt. Dass er lieber noch ein Buch mit ihr liest, anstatt das Altpapier wegzufahren. Dabei tut er damit genau das, was ich eigentlich möchte: Er ist unserem Kind ein guter Vater. Denn das sind die Momente, an die sich unsere Tochter erinnern wird. An die Zeit mit ihrem Vater. Nicht an dreckiges Geschirr oder den Altpapierstapel.

Ich versuche seither die Situation für mich zu analysieren, bevor ich mich aufrege.

Hat sich an seinem Verhalten etwas geändert?
Macht er es absichtlich?
Projiziere ich evtl. meinen Frust auf ihn oder hat er wirklich etwas angestellt?
Es ist nicht leicht, sich an der eigenen Nase zu packen und sich die Wahrheit einzugestehen. Aber oft können unsere Männer wirklich nichts dafür.

Fazit:
Wir alle geben unser Bestes und wollen ab und an ein »Danke« hören. Auch die Männer.

Die Partnerschaft

Mit der Geburt eines Kindes mutieren wir Frauen zum Multitalent: Wir sind gleichzeitig Mutter, Ehefrau, Hausfrau, und nach der Elternzeit kommt bei vielen noch der Job hinzu.

Nicht dass wir jede Disziplin auf Anhieb meisterlich beherrschen, aber wir geben unser Bestes und lernen ständig dazu.

Schön wäre es jetzt natürlich, Mr. & Mrs. Supereltern zu sein. Der Haushalt ist gerecht aufgeteilt, der Partner hat vollstes Verständnis, dass nicht immer Liebe, sondern viel häufiger Kaffee oder Energiedrinks uns aufrecht halten. Er akzeptiert klaglos, dass unsere Libido ihre Zeit im Tiefschlaf verbringt, lächelt und sagt: »Wenigstens einer, der schlafen kann.« Es macht ihm nichts aus, dass unsere Haare seit langem keinen Friseur mehr gesehen haben und dass die Wohnung bisweilen trotz aller Anstrengungen aussieht, als wollten wir dem Ausspruch »Nur das Genie beherrscht das Chaos« eine völlig neue Dimension verleihen. Unsere Leistung als Mutter wird in vollem Umfang honoriert und wir werden als die Göttinnen gefeiert, die wir sind.

So viel zum Traum vieler schlafloser Nächte ...

Klar geben wir und unsere Partner unser Bestes. Doch in der heute vorherrschenden Kombination aus klassischem Rollenbild und dem Anspruch an uns Mütter, dass wir nach der Elternzeit bitte schnellst möglich wieder arbeiten gehen sollen, kann sich ziemlich viel Frust aufstauen. Denn in den wenigsten Fällen haben wir Hilfe, die uns dauerhaft entlastet. Der Partner arbeitet von morgens bis abends. Die eigenen (Schwieger-)Eltern sind entweder nicht in Reichweite, selbst noch berufstätig, können aus anderen Gründen nicht helfen oder wir wollen sie einfach nicht so häufig in unseren eigenen vier Wänden haben. Natürlich könnte man als Mama ohne jegliches schlechtes Gewissen eine Putzfrau kommen lassen. Mir persönlich hat dafür aber bisher immer das Geld gefehlt. Ich bin eben weder eine Promi-Supermami noch verdient mein Mann so gut, dass es infrage kommen würde.

Zusammengefasst: Oft sind wir mit Kind, Haushalt, ev. Haustieren und Job nahezu allein. Es liegt an uns, mit den unterschiedlichen Aufgaben und Zeitfenstern zu jonglieren wie ein Zirkusartist. Dies ist kein Vorwurf an die Herren. Von Luft und Liebe lässt sich nun mal nicht leben. Dennoch kann diese Situation dazu führen, dass Frau sich unzufrieden fühlt. Vor allem wenn das Gefühl fehlt, dass die erbrachte Leistung Wertschätzung erfährt. Aber das wurde ja bereits im vorhergehenden Kapitel angerissen.

Daher nutzen wir dieses Kapitel für einen kurzen Perspektivenwechsel: zu dem unseres Partners.

Unsere bessere Hälfte geht in der Regel den ganzen Tag arbeiten, wenn er den 89 % der Männer angehört, die den überwiegenden Teil des Einkommens nach Hause bringen. (10) Dennoch bleiben unsere Partner in den wenigstens Fällen von den nächtlichen »Zwergenpartys« verschont, wenn der Nachwuchs mal wieder die Nacht zum Tag macht. So kommt es regelmäßig vor, dass er sich mehr schlafend als wach durch den Tag schleppt.

Zuhause bleiben?

Geht nicht!

Denn ohne seinen Einsatz werden wir mit an Sicherheit grenzender Wahrscheinlichkeit verhungern!

Ob ich übertreibe? Ja, aber wenn man dem Ernährer der Familie mal zuhört, dann übertreibe ich nur ein ganz kleines bisschen. Das alte Rollenbild des Ernährers ist in vielen Köpfen einfach noch tief verankert und der selbst auferlegte Druck enorm. Dazu kommt zu wenig Zeit für die Partnerschaft, das sagen zumindest 50 % der Paare. (9)

Für eine Beziehung ist daher ein gemeinsames Kind nicht nur die Krönung des gemeinsamen Glücks, sondern auch eine Zerreißprobe.

Um weiterhin eine glückliche Partnerschaft zu führen,

muss man daran arbeiten. Und das zwischen vollen Windeln, durchwachten Nächten und bei der wenigen verbleibenden Zeit, die man als Paar hat. Dabei ist es fast utopisch, das fröhliche Geflatter der Schmetterlinge und die »rosa Welt« zu erhalten.

Liebe ist das Fundament einer glücklichen Ehe, aber das darauf stehende Gebäude muss man durch gemeinsames Wirken erbauen und auch instand halten.

Daher ist es wichtig, ab und an einen gemeinsamen Blick auf das »Gebäude« zu werfen.

Wo bröckelt es?

Wo hat es Risse?

Wünsche, Ängste und Hoffnungen sollten geäußert werden. Aber auch, was einem an der Partnerschaft gefällt, sollte unbedingt mit eingebracht werden. Nur wer sich geschätzt fühlt, kann auf lange Sicht glücklich sein. Dies ist nicht nur in einem einzelnen Gespräch wichtig, sondern jeden Tag aufs Neue. Denn wird immer nur kritisiert, sammeln sich negative Gefühle. Zweifel an der eigenen Person wie auch der Partnerschaft kommen auf. Diese sind zerstörerischer als jeder offene Streit, in dem die Punkte tatsächlich geklärt werden.

Ich empfinde es auch immer als sehr wichtig, sich Zeit füreinander zu nehmen. Sonst stellt man fest, dass man irgendwann nur noch nebeneinanderher lebt. Gerade wenn man sehr eingebunden ist, sitzt man mitunter abends nur noch vor dem Fernseher, verbringt die Zeit am Computer oder lesend. Sucht einfach ein bisschen Entspannung, woran ja nichts verkehrt ist. Es entstehen aber dadurch, dass jeder »sein Ding« macht, zwei parallele Leben, die immer weniger Schnittpunkte haben. Hier sollte man gezielt gegensteuern, und wenn es anders nicht klappt, Termine planen. Es muss nicht einmal der Besuch im Kino oder ein schickes Restaurant sein. Ein gemeinsames Abendessen ohne Handy oder sonstige Ablenkung kann schon vollkommen genügen, damit man sich nicht aus den Augen verliert. Man bringt dem Gegenüber die volle Aufmerksamkeit und damit Wertschätzung entgegen. Was mich gleich zum nächsten Punkt auf meiner persönlichen »Bis dass der Tod uns scheidet - und nicht der Richter« -Liste bringt: Zeigt ihm, dass er etwas Besonderes ist und dass ihr an ihn denkt.

Um es an einem konkreten Beispiel festzumachen:

Mein Mann liebt Zuckerschnüre. Gehe ich »außer der Reihe« einkaufen, bringe ich ihm immer wieder mal welche mit und drapiere sie wirksam auf unserem Flurtisch, damit er sie gleich sieht, wenn er nach Hause kommt. Das Lächeln ist vorprogrammiert.

Mein Kryptonit nach einem langen Tag mit Kind sind Krapfen. Auch sie finden durch meinen Mann regelmäßig den Weg zu mir bzw. umgehend in meinen Mund. Es ist unsere Art zu sagen: Ich weiß, dass du einen harten Tag hattest, ich habe an dich gedacht und ich liebe dich.

Trotz aller Zuneigung weiß mein Mann aber nicht aufgrund männlicher Intuition, dass ich eine Zuckerinfusion brauche, sondern weil ich über SMS oder Facebook etwas gejammert habe. Umgekehrt ist es genauso. Wir schreiben uns mehrfach täglich und bleiben so auf dem Laufenden. Auch diese Art der Kommunikation und des Zeigens von Interesse bewahrt uns vor Problemen in unserem Leben als Paar. Allerdings würde ich mich hüten, ihn mit Fragen wie: »Wo bist du?«, »Bei wem bist du?« etc. zu löchern. Es geht darum, dem Partner nahe zu sein, und nicht darum, ihn zu kontrollieren.

Was auch noch keiner Partnerschaft geschadet hat, abgesehen vielleicht von einem misslungenen Friseurbesuch, ist es, sich für den anderen hübsch zu machen und zu pflegen. Ich rede nicht von drei Stoppeln an den Beinen unter den langen Wintersachen, die uns Frauen immer viel mehr stören als einen Großteil der Männerwelt. Vielmehr geht es mir darum, nicht in Sack und Asche rumzulaufen. Wie soll uns unser Partner auch weiterhin als Frau und Partnerin sehen, wenn wir nur noch die bequemen, mitunter etwas angeschmutzten Mami-Sachen tragen? Daher sollten wir wenigstens ab und an versuchen, ihm zu zeigen, welche Frau in der bequemen Jeans und dem zu weiten Oberteil steckt. Dies lässt sich wunderbar damit verbinden, dass man Gemeinsamkeiten, am besten in Form eines Hobbys, pflegen sollte. Kino, Klettern, Wandern, Fallschirmspringen - alles ist erlaubt, was als Paar verbindet und wo der Nachwuchs auch mal außen vor bleibt. Das heißt nicht, dass man jetzt in Abendgarderobe in die Kletterhalle stöckeln soll. Aber eine Frau kann auch in passenden Sportklamotten gut aussehen und mit einem ehrlichen Lachen alles überstrahlen.

Gleichzeitig wollen nicht nur die Gemeinsamkeiten gepflegt werden, sondern auch die Freiräume. So gerne man auch Zeit mit dem Partner verbringt, jeder brauch mal Luft zum Atmen. Zeit, wo er nicht Mutter / Vater / Partner oder Arbeitnehmer sein muss. Für ein Bier oder Glas Wein mit Freunden ohne Anhang und zum Seelebaumeln-Lassen. Dieser Freiraum kann manchmal genau das sein, was die Kraftreserven wieder auftankt und uns, wie auch unseren Partner, mit Freude nach Hause kommen lässt.

Zum Abschluss die zwei allerwichtigsten Punkte für mich:
1. Miteinander reden - denn der größte Strauß Blumen, das tollste Essen oder der teuerste Schmuck sind höchs-

tens ein Ersatz für die Worte: »Ich liebe dich«.

2. Man darf den Partner auch mal so richtig, richtig kacke finden. Wir alle sind nur Menschen, jeder hat seine Fehler, und keine Beziehung ist perfekt. Es gehört dazu, dass man sich über den anderen auch mal ärgert, aber hinterher auch verzeiht.

Aus dem Nähkästchen:

Ich gehöre von Haus aus zu den eher impulsiveren und leicht reizbaren Menschen. So wunderte es niemanden, dass ich gerade, wenn die Nächte kurz und die Tage lang waren, mit allem und insbesondere meinem Partner unzufrieden war. Liegengelassene Socken kamen einem Fehdehandschuh gleich. Ich hatte das Gefühl, dass alles an mir hängen blieb, und mein Mann wollte einfach nicht verstehen, als welchen Luxus ich es empfand, den ganzen Tag arbeiten zu gehen.

Kaffee zu trinken, wenn einem der Sinn danach steht. Auf die Toilette zu gehen, wenn es eben drückt und ohne Begleitung! Mittags in der Kantine zu essen und zwischen Tür und Angel auch mal ein Pläuschchen mit den Kolleginnen und Kollegen zu halten.

An mir hingen der Haushalt, meine Tochter, der Hund, mein Halbtagsjob, und dann sollte ich auch noch regelmäßig ein klein wenig was für mich tun, um mich als

Frau nicht vollkommen unattraktiv zu fühlen.

Dann kam mein Partner nach Hause und erzählte mir, wie anstrengend sein Tag gewesen war.

Mit dem Gefühl, wie ein siedender Schnellkochtopf kurz vor dem Explodieren zu sein, stehe ich in solchen Momenten sicherlich nicht allein. Und natürlich kam es dann auch irgendwann dazu. BOOM.

Aber manchmal müssen solche Gewitter einfach sein. Nach Gemotze und Gezeter konnten wir endlich über alles, was uns auf der Seele lag, reden. Unsere Sicht der Dinge dem Gegenüber erklären. Und vor allem erkennen, dass sich etwas ändern muss.

Natürlich geschehen hier keine Zeichen und Wunder. Ich mache immer noch den Haushalt, versorge das Kind und kümmere mich um den Rest. Aber mein Mann sorgt seither dafür, dass ich auch Auszeiten habe. Fährt mit unserer Tochter zu den Schwiegereltern oder unternimmt etwas alleine mit ihr. Genauso mache ich mich ab und an mit unserer Tochter auf den Weg, um ihm etwas Ruhe zu gönnen. Weil das war es, was uns beiden eigentlich gefehlt hat: Ruhe vom alltäglichen Wahnsinn. Und BEIDE Elternteile brauchen Zeit, um einmal durchzuatmen.

Fazit:

Auch wenn es für Außenstehende bei Mr. & Mrs. Supereltern leicht aussieht, ist es das nicht. Eine funktio-
nierende Beziehung erfordert Ehrlichkeit, Verständnis für
beide Seiten und den Willen, etwas zu ändern. Habe nicht
nur den Blick auf deine eigenen Sorgen und Nöte, sondern sei dir auch der Situation/Lage deines Gegenübers
bewusst.

Unsere Lieblingskleidung: die ungeschminkte Wahrheit

Hand aufs Herz. Was ist deine Lieblingskleidung? Kostümchen, Bluse, High Heels?

Meine mit Sicherheit nicht! Vor allem nicht, wenn ich mit Kind auf dem Arm in der Küche stehe, mit dem Kinderwagen einkaufen gehe oder den verdienten Feierabend auf der Couch genieße.

Dann soll es bequem sein und möglichst ohne Doktortitel waschbar. Da geht der Griff schnell mal zu meinem Batman-Shirt und einer Haremshose, welche allen Kinder-Alltagssituationen gewachsen sind. Auch Krapfen-Puderzucker ist hier schnell abgeklopft, und die Reste werden mit einem »Das muss so sein« verargumentiert.

Gerade im ersten Jahr mit Kind lernt man Farben, Muster und Schnitte zu schätzen, die gut kaschieren. Egal, ob ein paar Kilos zu viel, Joghurtflecken oder Speichelspuren, es muss nur gut getarnt sein.

Ich lernte Schuhe zu würdigen, in denen schnelle Sprints möglich sind, um mein Kind am Kragen zu packen, bevor es kopfüber ein Bad in der Pfütze nehmen konnte. Nicht zuletzt lernte ich auch die Vorteile praktischer Frisuren zu schätzen, denn wer hat mit Kind schon Stunden Zeit, um im Bad alles zurechtzuföhnen und -zuzupfen. Gerade am Anfang ist Schlaf nun einmal das höchste Gut, oder fünf Minuten auf dem Küchenstuhl zum Durchatmen. Diese kostbaren Momente sind sicher nicht nur mir heilig. Da darf der unordentliche Pferdeschwanz mich durchaus mal zu Hause durch den Tag begleiten, wenn mir dafür etwas mehr Zeit zum Durchatmen bleibt.

Meine pragmatische Einstellung zu meinem Äußeren ändert jedoch nichts an meinem neiderfüllten Blick auf die perfekt manikürten Nägel, die perfekt saubere Kleidung und die untadelig sitzende Frisur vieler anderer Mütter. Dies sind Dinge, die ich durchaus zu schätzen weiß, die aber zumeist einfach einen zu geringen Stellenwert in meinem Leben einnehmen. Vielleicht auch, weil ich weiß, dass der sorgfältig aufgetragene Nagellack kein Unkrautjäten im Gemüsebeet oder Burgenbauen im Sandkasten übersteht.

So konnte sich mein stets wiederkehrender Haustürbesucher auch ein ganz eigenes Bild von mir machen: Mein Paketbote. Vor allem, da er mich in allen möglichen und unmöglichen Lebenslagen zu sehen bekommen hat. Hochschwanger mit einem Bauchumfang, dass unser 40 kg schwerer Hund hinter mir verschwunden ist wie ein Chihuahua hinter einem Monstertruck. Im Giraffen-Bademantel mit Augenringen und notdürftig gebändigten Haaren. Mit Haremshosen, geistesabwesendem Blick und einem derart verkleckerten T-Shirt, das nur noch Mate Tee und Räucherstäbchen gefehlt hätten. Aber auch wenigstens ein bisschen gestylt, als ich mir langsam diese wertvollen Minuten für mich zurückerobern konnte. Seit Letzterem ging schon mal ein zweiter Blick zur Klingel, ob er sich nicht in der Tür geirrt hat.

Mit ihm hätte ich echt nicht tauschen wollen, da ich sicherlich nicht das einzige »Überraschungspaket« war, das ihm nächtliche Albträume beschert hat. Respekt für seine Selbstbeherrschung, er ist nie schreiend weggerannt.

Das Paketboten-Gruselkabinett wurde jedoch wesentlich abgemildert, als meine Arbeit wieder ein präsenter Teil meines Lebens wurde. Seither sind meine Nägel noch lange nicht perfekt oder die Haare tadellos frisiert, aber dafür war ich auch bevor ich Mutter wurde nicht der Typ. Dennoch wähle ich meine Kleidung, welche ich außerhalb meiner vier Wände trage, wieder mit sehr viel mehr Sorgfalt aus. Es kam einfach der Zeitpunkt, an dem ich auch das weibliche Wesen wieder zeigen wollte, das durchaus einen zweiten Blick wert war.

Mir ist bewusst, dass Mütter hier sehr unterschiedlich sind und ich da auch zu den Spätzündern gehöre, um wieder Teil der »normalen Welt« zu werden. Vielleicht habe ich mir auch einfach etwas schwer getan, meinen Mikrokosmos wieder zu verlassen.

Natürlich, rein theoretisch braucht es nicht mehr Zeit, sich etwas Hübsches anzuziehen. Doch häufig, wenn ich in meiner Freizeit meiner Garderobe etwas mehr Aufmerksamkeit widme, gehen mir die folgenden Dinge durch den Kopf:

- 30° C Wäsche, da muss ich aufpassen, dass keine Flecken drauf kommen.
- Damit kann ich mich nicht mit in den Sandkasten, in die Wiese oder auf den Boden setzen.
- Das muss ich bügeln (Ich HASSE bügeln!).
- Da passen keine flachen Schuhe dazu.
- Treffe ich jemanden, den es interessiert, ob ich T-Shirt oder Bluse anhabe?
- Ah verdammt, das Kind schreit. Jetzt aber schnell ...

Also wird in solchen Momenten dann doch nur irgendetwas aus dem Schrank gezogen, und jegliche Gedanken an größeren Aufwand werden verworfen. Wichtig ist mir, dass meine Sachen sauber, die Haare gekämmt und die Zähne geputzt sind. Erfahrungsgemäß interessiert es nämlich weder meinen Mann noch die Schwiegereltern oder die Verkäuferin an der Kasse, was ich in meiner Freizeit trage. Solange es keine modischen Totalentgleisungen sind, gehe ich in der breiten Masse unter.

Und das ist dann genau der Punkt: Wenn mich Eitelkeit im Privatleben zu viel Zeit kostet, die ich als Mutter nicht habe, und es sowieso niemanden interessiert, verlieren die hübschen Sachen gerne mal gegen die alltagstauglichen. Auch wenn etwas mehr Fokus auf mich selbst meinem Ego sicher gut tun würde.

Wir sollten uns bewusst machen, dass wir nicht nur Mütter sind, sondern auch Frauen. Wir brauchen uns nicht beschweren, wenn unser Partner uns nur noch als Kinderbetreuerin sieht. Vor allem, wenn wir in unsere Körperbehaarung schon Perlen flechten könnten und ständig die Oma-Liebestöter tragen.

Die Toleranz, die uns als Müttern von allen Seiten entgegengebracht wird, kann also durchaus ihre Schattenseiten haben. Die einen Mütter begreifen dies früher, die anderen später, wieder andere nie.

Doch es ist nicht nur die Kleiderwahl, die uns viel zu häufig als Mutter outet. Zwar sind die deutschen Frauen laut Statistik im Vergleich zu Frankreich oder England eher schminkfaul (22), dennoch ist der Einsatz von Mascara, Lidschatten und den unzähligen anderen kleinen Schönmachern auch ein Zeichen der Wertschätzung für uns selbst. Wir sollten uns die Zeit nehmen, um uns selbst etwas Gutes zu tun. Auch das Signal, das damit an den Partner gesendet wird, sollte nicht unterschätzt werden. Zeigen wir ihm doch, dass er uns wichtig genug ist, dass wir auch für ihn gut aussehen wollen.

Kein Grund, uns jetzt so zuzukleistern, dass abends nur noch der Spachtel hilft, um die unzähligen Schichten wieder runter zu bekommen. Dennoch darf es mal ein Peeling sein und ein wenig Zeit für uns, damit wir uns auch wirklich wohl in unserer Haut fühlen. Der Einsatz solcher Pflegemittel nimmt nämlich nach der Hochzeit und dann auch mit jedem weiteren Kind rapide ab. (23) Ein Grund mehr sich bewusst Zeit dafür zu nehmen.

Auch der Einsatz von hübscher Unterwäsche sollte nicht unterschätzt werden. Egal, welche Mama-Sachen wir darüber tragen, wissen wir doch, dass es, sollten wir abends die Hüllen fallen lassen, unserem Mann ein breites Lächeln entlocken wird. Wenn das kein Grund ist, das Kinn etwas höher zu tragen und mit einem Lächeln durch den Tag zu gehen. Denn wer sich sexy fühlt, gibt sich anders, selbst in Haremshose und Batman-Shirt.

So ist die Lieblingskleidung zwar so individuell wie wir Mütter selbst. Dennoch dürfen wir vor lauter Muttersein nicht den Teil von uns verlieren, der auch Frau ist und der auch dann noch vorhanden sein sollte, wenn das Kind einmal auszieht.

Aus dem Nähkästchen:
Durch die Schwangerschaft und die spätere berufliche Pause während der Elternzeit habe ich einen kleinen Selbstfindungs-Trip im Schnelldurchlauf durchgemacht. Wie wohl viele andere auch.

Wer war ich?
Wer bin ich?
Wer möchte ich sein?

Hier wurde mir bewusst, dass der Ausspruch »Kleider machen Leute« durchaus seine Daseinsberechtigung hat.
In vielen Bereichen habe ich mir in diesem Jahr eine ausgeprägte LMAA (Leck mich am Arsch)-Einstellung angewöhnt. Was sich die erste Zeit auch klar in meiner Kleidung widergespiegelt hat.
Ich war glückliche Mutter, und die Meinung der anderen war mir ziemlich egal.
Ich habe mich lange genug verbogen und verbiegen lassen. Ich habe mir vorschreiben lassen, was ich im Beruf tragen soll und was nicht. Ich wollte auf keinen Fall negativ auffallen, hab mich aber im Kostümchen nie wohl gefühlt und Blasen von unbequemen Schuhen nie

etwas abgewinnen können.

Mir wurde klar, dass die Fremdbestimmung meines Äußeren nichts war, was ich meiner Tochter mitgeben wollte. Anpassung ist gut, aber nicht so angepasst zu sein, dass man sich selbst verliert. Es hat für mich nichts damit zu tun, wie schick ich rumlaufe, solange ich mich wohl fühle und ein gepflegtes Äußeres vorweisen kann. Denn in Sachen, in denen man sich nicht wohl fühlt, sieht man eben auch nie wirklich gut aus.

Mit dem Wiedereinstieg ins Arbeitsleben hat sich auch gezeigt, dass man noch lange nicht negativ auffällt, nur weil man sich auch im gleichfarbigen Trott des Büroalltags etwas Persönlichkeit bewahrt.

Seither wähle ich aus, was ich tragen möchte. Auch mit Jeans kann man noch bürotauglich gekleidet sein.

Ich definiere mich wieder mehr über meine Kleidung, verkleide mich jedoch nicht mehr.

Die Aussage hierzu ist klar: Ich bin Mama, ich mag es bequem, aber auch in bequemen Sachen kann man attraktiv sein.

Es beeinflusst meine Arbeitsleistung nicht negativ, nur weil einige Kolleginnen den Kopf schütteln.

Ich muss mich als Gesamtpaket wohlfühlen, denn nur dann kann ich mich wirklich attraktiv finden und neben Mutter auch ganz Frau sein.

Fazit:

Du musst dich in deiner Haut wohlfühlen, dann ist es egal, ob du Jogginghose, Kostüm oder Jeans trägst.

Unschöne Begleiterscheinungen.
Ja, das ist normal.

Während der Schwangerschaft und mit der Entbindung verändert sich unser Körper enorm. Der Umfang nimmt zu und die Brüste sind plötzlich gigantisch. Zeitweilig habe ich nur darauf gewartet, dass eigene Monde um mich kreisen und ein Raumschiff versucht, auf mir zu landen.

Diese enorme Gewichtsschwankung führt nicht selten dazu, dass nach der Schwangerschaft unzählige Streifen an den unmöglichsten Stellen bleiben. Aber auch wer nur wenig zunimmt, bleibt nicht unbedingt verschont. Da der Hormonspiegel und die Hautstruktur hier nicht selten eine ungünstige Paarung eingehen, entstehen im empfindlichen Gewebe von Gesäß und Hüften diese langanhaltenden Erinnerungen, die zwar nach und nach verblassen, uns aber dennoch nie mehr ganz verlassen werden.

Könnte man sich im Gegenzug zu den Kriegsnarben des Mütterdaseins wenigstens über eine permanente pralle Oberweite freuen, wäre wenigstens ein kleiner Ausgleich geschaffen. Aber nein. Nach dem Abstillen ist das Ergebnis nicht selten gewöhnungsbedürftig. Dieser Umstand ist noch dazu leider vollkommen unabhängig von der Dauer des Stillens, da bereits der Milcheinschuss den Schaden verursacht. Zu guter Letzt dürfen wir uns noch - wenn es ganz blöd läuft - mit Hämorrhoiden und Blasenschwäche rumschlagen.

Und dann lesen wir immer wieder diesen tollen Satz oder bekommen ihn mit einem netten Lächeln gesagt: »Sei stolz darauf, dein Körper hat Leben geschenkt!«

Ähm ja, genau ...

Mir persönlich hilft das kein Stück über mein angeknackstes Ego hinweg. Die Kilos zu viel, Schwangerschaftsstreifen, Hämorrhoiden, der extreme Haarausfall einige Monate nach der Entbindung - das alles sorgt einfach dafür, dass Mama sich nicht gerade wie Cinderella fühlt. Und dann noch der permanente Schlafmangel, der uns eine Haut und Augenringe beschert, die uns Hauptrollen in jedem drittklassigen Zombiefilm einbringen würden.

Und während wir uns erst noch mit unserer neuen Hülle anfreunden müssen, kommt dann auch noch der Partner und hätte gerne ein wenig Zweisamkeit ...

Ich glaube, ich bin nicht die Einzige, die in solchen Momenten einfach gerne geschrien hätte.

Aber weißt du was? Es wird besser.

Gegen zu viel Gewicht kann man was tun. Schwangerschaftsstreifen verblassen. Ein Friseurbesuch hilft dem traurigen Elend auf dem Kopf wieder auf die Sprünge.

Und solange unser Partner sich mit uns noch nackt durch die Federn wälzen möchte, kann es nicht so schlimm sein. Oft sind wir nämlich viel kritischer zu uns selbst als unser Partner.

Ja, den Vergleichen mit dem Promi-Mami-Bild, das uns von der Presse immer wieder schön entgegen geschleudert wird, können wir einfach nicht standhalten. Wir waren uns aber bereits nach dem ersten Kapitel im Klaren darüber, dass dies eh mehr Schein als Sein ist. Glaubst du, nur weil man reich und berühmt ist, bleibt man von Hämorrhoiden verschont? Nur weil man auf High Heels durchs Leben stöckelt, ist der »Sexy-after-Baby-Body« Dessous-tauglich? Nein! Schwangerschaftsstreifen nehmen weder Rücksicht auf Geld noch auf Bekanntheitsgrad. Solche Dinge sind einfach normal. Im Bullshit-Bingo der Begleiterscheinungen des Mütterdaseins haben auch diese Supermuttis eine reelle Chance auf einen Treffer.

Wir müssen erst wieder anfangen, unseren Körper zu lieben. Uns im Klaren darüber sein, dass der Zahn der Zeit auch ohne Nachwuchs an uns nagt und dass alle Mütter, wenn sie morgens aus dem Bett steigen, ziemlich mitgenommen aussehen. Unser Nachwuchs liebt uns auch dann. Unser Partner hat uns als »Mutterschiff« geliebt und wird es auch weiterhin tun, denn seine Liebe wird sich, so hoffe ich, nicht nur auf die Optik beschränken. Er liebt das Lachen und Lächeln. Findet das zerknautschte Gesicht mit den winzigen verschlafenen Augen nach dem Aufwachen ganz süß, hat er sich doch in unzählige Kleinigkeiten verliebt, die uns als Person ausmachen.

Es verändert uns, ein Kind zu bekommen – unseren Körper, aber auch manche Charaktereigenschaft. Der Kern jedoch, der uns liebenswert macht, mit all unseren kleinen Macken - der bleibt der gleiche. Ihr seid auf eure Weise wunderschön.

Schön, wenn ihr euer Kind anstrahlt.

Schön, wenn ihr euren Partner in den Arm nehmt.

Schön, wenn ihr in euer Lieblingsbuch vertieft seid.

Schön, wenn ihr euer ehrliches, ungeschminktes Lächeln lächelt.

Warum?
Weil ihr dann glücklich seid. Es bringt euch zum Strahlen. Schönheit ist so viel mehr als glatte Haut, ein flacher Bauch oder ein straffer Hintern!

Aus dem Nähkästchen:

Ich war Zeit meines Lebens recht schlank. Selbstredend, dass ich nicht gerade glücklich war über die Kilos zu viel, schlaffe Haut und Augenringe. Als sich meine Haare dann nach einigen Monaten mit dem neuen Erdenbürger auch noch fluchtartig auf den Weg in meine Haarbürste machten, hätte ich heulen können.

Ok. Ich habe geheult. Alles Trösten und gute Worte seitens meines Mannes haben nichts geholfen.

Das Einkleben einiger Schnappschüsse in das Fotoalbum meiner Tochter brachte dann die Wendung. Dazu muss man wissen, dass ich mich nicht gerne fotografieren lasse, aber meinem Mann war es doch gelungen, den einen oder anderen Moment festzuhalten. Natürlich gab es auch hier einige Bilder, die es nie (nie, nie!) ins Fotoalbum schaffen werden. Aber es gab eben auch einige, die ich gar nicht so schlimm fand. Es waren genau die Aufnahmen, in denen ich nicht bemerkt hatte, fotografiert worden zu sein. Ich strahle mein Kind an, mache Unsinn und habe mir in diesen Momenten eindeutig keine Gedanken über mein Aussehen gemacht.

Natürlich sind bei näherer Betrachtung auch auf diesen Bildern die ganzen kleinen Macken festgehalten, die mir missfallen. Aber ich strahle. Mein Mund lächelt, meine Augen lächeln, man sieht uns den Spaß an. Und niemand, der diese Bilder in 20 Jahren sieht, wird darauf achten, ob das T-Shirt etwas spannte.

Fazit:

Je älter wir werden, desto unwichtiger werden unsere Makel. Schön machen uns unser Lächeln und das Glück, das wir ausstrahlen.

Erziehung - unsere Eltern und Großeltern

Eigentlich sollte Gewalt in der heutigen Erziehung keine Relevanz mehr haben - eigentlich. Die Realität jedoch sieht leider anders aus: 40 % der in einer Forsa-Umfrage befragten Deutschen geben an, dass sie ihre Kinder auch heute noch mit einem Klaps auf den Po bestrafen, 10 % mit einer Ohrfeige und 4 % der Eltern geben an, dass sie ihrem Nachwuchs auch mal den Hintern versohlen.

Hierbei geht es um Kinder bis zum Alter von 14 Jahren, und ich finde diese Zahlen erschreckend.

Wie kommt es zu diesem Verhalten, von dem wir schon seit Jahren wissen, welche Schäden es in der seelischen und körperlichen Entwicklung unserer Kinder anrichten kann? Und selbst jene die sich nicht darüber informieren, sollten sich doch wenigstens bewusst sein, dass es der Bundestag im Jahr 2000 offiziell machte und gesetzlich festlegte:

*»Kinder haben ein Recht auf gewaltfreie Erziehung.
Körperliche Bestrafung, seelische Verletzungen und
andere entwürdigende Maßnahmen sind unzulässig.«*

Trotz einiger gelesener Bücher, Gesprächen mit Freunden und eigenen Erfahrungen bleibt meine Meinung zu den Ursachen bis zu einem gewissen Grad Spekulation. Tatsache ist jedoch, dass Kinder bereits im Altertum körperlich gezüchtigt wurden. So sprach schon der alttestamentarische Prophet Salomon:

Wer seine Rute schont, der hasst seinen Sohn; wer ihn aber liebhat, der züchtigt ihn bald. (17)

Überdenkt man kurz die Gesellschaftsstruktur, die lange Zeit vorherrschte, wundert dies nicht. Menschen hatten zu gehorchen. Ihren Eltern, ihren Herren und später der Kirche. Eigenständiges Denken war Jahrhunderte lang wenig gefragt. Also gab es entsprechende Richtlinien und Empfehlungen seitens der Obrigkeiten, welche sich fest in die Erziehungskultur weltweit verwurzelten. Das Ziel lag klar darin zu gehorchen, ohne zu hinterfragen.

Doch um 1900 fand in einigen Bereichen der Welt ein Umdenken statt, weg von körperlichen Strafen und dem Bild des Kindes als ein für Sünden anfälliges Wesen, dem man mithilfe von Schlägen das Böse austreiben musste, hin zur Orientierung an den tatsächlichen Bedürfnissen der Kinder. Gerade in Deutschland war dieses Modell jedoch ab 1933 wieder passé. Ab da galt es wieder jegliche Ansätze des »Weichwerdens« auszumerzen.

»... Meine Pädagogik ist hart. Das Schwache muss weg-
gehämmert werden. In meinen Ordensburgen wird eine
Jugend heranwachsen, vor der sich die Welt erschre-
cken wird. Eine gewalttätige, herrische, unerschrockene,
grausame Jugend will ich. Jugend muss das alles sein.
Schmerzen muss sie ertragen. Es darf nichts Schwaches
und Zärtliches an ihr sein. Das freie, herrliche Raubtier
muss erst wieder aus ihren Augen blitzen. Stark und
schön will ich meine Jugend ...«
Adolf Hitler über die Erziehung der Jugend (16)

Was das mit uns zu tun hat?

Leider mehr, als vielen von uns bewusst ist. Denn häufig
bekamen unsere Eltern, auch wenn sie erst in den Folge-
jahren geboren wurden, Ausläufer dieser Erziehung zu
spüren. Wie bereits erwähnt hatte Johanna Haarer, die
österreichisch-deutsche Ärztin mit ihrem Werk »Die
deutsche Mutter und ihr erstes Kind« dafür gesorgt.

Was für einen Einfluss diese verdrehte Wahrnehmung
jedoch auf unsere Eltern nahm, die in der (Nach-
kriegs-)Zeit geboren wurden, ist vielfach nicht bewusst.
Falls ihr die Gelegenheit habt und eure Eltern aus den
1950-60er Jahrgängen stammen, fragt sie einmal, ob sie
geschlagen wurden. Und wenn ja, in welchem Ausmaß.

Sollte es nicht bereits bekannt sein: Bei einem Großteil der Kinder aus diesen Jahrgängen war Gewalt zu Hause an der Tagesordnung. Jedoch ging es in diesen Nachkriegsjahren oft nicht um bloße Züchtigung für größere Vergehen. Unsere Großeltern waren von den Kriegsjahren traumatisiert, und auch die Jahre nach dem Krieg waren für sie nicht leicht. Ihre eigene Kindheit und Jugend wurde ihnen von den vorhergehenden Kriegen geraubt, sie hatten Hunger gelitten, getötet und weggesehen und mitunter alles verloren.

Die ständige Anklage und der mahnend erhobene Zeigefinger schwebten im Raum, und niemand wollte auffallen.

Genau diese Generation erzog nun unsere Eltern.

Frust, Angst und Wut wurden mit Rohrstöcken, Küchenlöffeln und Teppichklopfern auf Kinderkörpern freien Lauf gelassen. Nicht aus Spaß am Schmerz, sondern aus ihren eigenen seelischen Schmerzen und Traumata heraus, und so begriffen sie zumeist nicht, dass sie über jedes Ziel hinausschossen. Dass es mitunter zum Verlust jeglicher Impulskontrolle kam. Sie schlugen, ohne selbst zu hinterfragen, und niemand sagte etwas.

Es war gesellschaftlich akzeptiert und wurde sogar befürwortet. Denn die Maxime der Verhinderung der Verweichlichung hing immer noch wie ein klebriger Nebel in den Köpfen der Erwachsenen.

Doch es war nicht nur die fehlende Kontrolle über die eigenen Ängste, die unsere Großeltern manchmal so maßlos machte. Sie wurden damit groß, dass sie für Fehler in den Kriegsjahren mitunter mit ihrem Leben bezahlten. Ein falscher Tritt konnte den Tod bedeuten, ein falsches Wort die Deportation.

Auch Nahrung war für sie oft Mangelware, daher wurde unseren Eltern eingebläut: Es wird gegessen, was auf den Tisch kommt.

Sprüche wie: »Es regnet, wenn der Teller nicht leer gegessen wird.« und »Damit du groß und stark wirst.« haben die Jahre bis in unsere Zeit unreflektiert überdauert.

Auch ich musste mir schon bei »Ein Indianer kennt keinen Schmerz!« auf die Zunge beißen. Ein Spruch, den ich vielfach selbst gehört habe.

Warum sollte man seinen Schmerz nicht zeigen dürfen?

Von Generation zu Generation weitergegeben übernehmen wir auch heute häufig noch unbesehen so einige »Weisheiten« unserer Eltern und Großeltern und übertragen sie auf den heutigen Umgang mit unseren Kindern.

Auch wenn klar ist, dass beispielsweise - um beim Thema Essen zu bleiben - erzwungene Nahrungsaufnahme über das Hungergefühl hinaus später zu einem ungesunden Essverhalten und Fettleibigkeit führen kann.

Um noch einmal die Statistik zu bemühen: Natürlich sind auch heute noch Höflichkeit und gutes Benehmen mit 88 % ganz weit vorne bei den Erziehungszielen. 76 % der Eltern legen zudem wert darauf, dass ihre Kinder ihre Arbeit ordentlich und gewissenhaft tun. (18) Genau die Dinge, für welche wir Deutschen in der ganzen Welt bekannt sind.

Doch gerade im Hinblick auf die vorhergehenden Generationen sollten wir als Mütter ein wachsames Auge auf die eigenen Beweggründe haben. Mir ist es auch wichtig, dass mein Kind »Bitte« und »Danke« sagt, aber auch, dass es lebt und lebhaft ist. Es darf und soll hinterfragen und seine Meinung äußern. Auch wenn diese einem Erwachsenen manchmal nicht passt und vielleicht als unhöflich angesehen wird.

Doch gerade Personen der älteren Generation können zum Teil schwer mit dem Wissensdrang, der schnell als Aufbegehren gedeutet wird, umgehen. Häufig wird auch heute noch ein »Klaps« nahegelegt, damit das Kind in der Spur läuft. Das »Argument«: Es hat uns, dir oder weiß der Teufel wem ja auch nicht geschadet, verschweigt bisweilen, dass Depressionen, Angststörungen oder Schlafstörungen, die seit Jahrzehnten Heerscharen von Psychologen beschäftigen, ihre Ursachen in körperlicher und auch seelischer Gewalt finden.

Auch wenn schon viele Eltern sich bewusst gegen die Erziehungsmethoden ihrer Eltern entschieden haben, gibt es doch genügend, die auch heute noch zu viel unreflektiert weitergeben. Jeder Klaps, jede mit Gewalt verbundene Handlung gegen Mitmenschen ist eine zu viel. Die Anwendung von Gewalt gegen Kinder zeugt nicht von unerzogenen Kindern, sondern vom Versagen der Eltern in einer Situation, in der sie schlichtweg überfordert sind. Das bedeutet nicht, dass es nicht vorkommen kann. Wir sind alle nur Menschen, ich nehme mich da selbst nicht aus. Doch wir sollten unser Verhalten reflektieren und uns im Klaren darüber sein, dass es nicht der richtige Weg ist, ein Kind zu erziehen.

Aus dem Nähkästchen:
Meine Mutter durfte in ihrer Kindheit und Jugend weder Schwimmen noch Fahrradfahren lernen. Mein Großvater erlaubte es ihr nicht. Wohl aus Angst, dass seinem einzigen Kind etwas passieren könnte. Dennoch gehörte beispielsweise eine Ohrfeige durchaus zur gängigen Erziehungsmethode. Auch mein Vater meinte auf Nachfrage, dass es eben zu seiner Zeit so gewesen wäre und als vollkommen legitim angesehen wurde. Dass dieses Verhalten nicht richtig und zielführend war, muss meinen Eltern jedoch klar gewesen sein. Denn zwar gab es in meiner Kindheit mal einen Klaps auf den Po, ich kann mich aber

nicht an eine wirklich körperlich schmerzhafte Bestrafung erinnern. Dennoch stehen mir die Situationen, als ich übers Knie gelegt wurde, noch deutlich vor Augen, was um so bemerkenswerter ist, da sie alle noch zur Kindergartenzeit stattfanden. Es brannte sich in mein Gehirn ein und begleitet mich bis heute. Nicht, weil ich körperlichen Schaden davongetragen hätte, sondern weil es einfach nicht in die sonst sehr liebevolle Erziehung meiner Eltern passte.

Gewalt bedeutet nun mal niemals Liebe oder Zuneigung, egal mit welchen blumigen Worten sie verharmlost wird. Das war mir schon als Kind bewusst und ist es bis heute.

Fazit:
Gewalt, egal welcher Art, hat nichts in der Kindererziehung zu suchen.

Das Internet

Nirgendwo gibt es so viele »Supermamis« oder Menschen, mit denen man sein tägliches Leben eigentlich auf keinen Fall teilen möchte, wie in den unendlichen Weiten des Internets. Hier werden persönliche Meinungen zu unumstößlichen Wahrheiten. Kleine Meinungsverschiedenheiten sorgen dafür, dass sich ganze Horden von Menschen gegenseitig anzicken. Alles Mögliche und Unmögliche wird als Text, Bild oder Film mit Freunden und Bekannten geteilt. Und nicht zu Letzt: Das Leben mancher Kinder wird vom ersten Lebenszeichen an minutiös dokumentiert und viel zu oft für alle Welt zugänglich gemacht.

Leider ist dies nicht nur meine persönliche Wahrnehmung. 71 % der deutschen Mütter haben einer internationalen Studie zufolge vor dem 2. Geburtstag ihrer Kinder Fotos von ihnen in sozialen Medien hochgeladen. In den USA sind es sogar 92 %. (12)

Natürlich ist das Internet ein fester Teil unseres heutigen Lebens, das aber von vielen genutzt wird, ohne groß über die Konsequenzen nachzudenken. Denn befinden sich Bilder erst einmal auf diversen Plattformen, wird das Löschen zu einer schier unlösbaren Aufgabe.

Durch zu freigiebige Einstellungen oder Unwissenheit

befinden sich die Bilder nicht selten innerhalb kürzester Zeit auf den Festplatten anderer Personen. Hierbei muss es sich nicht um die liebende Tante oder eine nette Mami aus der Müttergruppe handeln, mit der wir auch gerne mal private Nachrichten schreiben. Jede Mutter sollte sich bewusst sein, dass sie genauso gut die Bilder ihrer Kinder an das schwarze Brett im Supermarkt hängen könnte. Hier hat sie genauso wenig Einfluss darauf, wer es einsteckt, mitnimmt und möglicherweise verbreitet.

Auf die Personen, die Bilder speichern, und vor allem auf die weitere Verwendung der Bilder haben wir gar keinen Einfluss mehr.

Auch Facebook lässt sich in seinen AGBs ein Nutzungsrecht an allen Fotos, die man hochlädt, einräumen bzw. das Recht, diese Bilder Werbetreibenden zur Verfügung stellen zu dürfen.

Der Grund für dieses Vorgehen ist, dass diverse Facebook-Funktionen auch auf externen Seiten eingebunden sind. Damit hier die Profilbilder etc. der Nutzer angezeigt werden dürfen, ist diese Klausel erforderlich.

Dennoch sollte man sich bewusst sein, dass zwar eigene Privatsphäreeinstellungen geändert und Bilder gelöscht werden können, dennoch bedeutet dies nur, dass diese nicht mehr über den ursprünglichen Link verfügbar sind. Sie fristen auch weiterhin, von uns unbemerkt, auf irgendwelchen Servern ihr Dasein. So sollte man sich nicht wundern, wenn man über Google auch Monate oder Jahre später noch ein »gelöschtes« Bild findet.

Was auch noch angesprochen werden sollte, ist, dass leider nicht selten Personen mit zweifelhaften Anliegen private Profile durchstöbern. Der Sinn und Zweck kann darin liegen, die Bilder leicht bekleideter Kinder und Jugendlicher zu speichern und später weiter zu verbreiten. Hierfür prädestiniert sind Fotos in leichter oder nicht vorhandener Kleidung, welche von Eltern oft arglos hochgeladen werden. Bisweilen sind diese sogar mit dem Ort und den realen Namen versehen, was mit einiger krimineller Energie böse Folgen haben kann. Gerade, wer es mit der Klarnamenspflicht bei Facebook sehr genau nimmt, sollte wohl überlegen, wen er auf diesem Weg zu sich »einlädt«. Erst kürzlich machte ein trauriger Fall Schlagzeilen, bei welchem eine 17-Jährige entführt wurde und am Ende ums Leben kam. Alle wichtigen Informationen erhielten die Entführer über die sozialen Medien. (13)

Die Risiken sind vielfältig und sollten bekannt sein. Dennoch scheint das Posten des süßesten Fotos, der tollsten Geburtstagsfeier und der witzigsten Peinlichkeit regelrecht zu einem Wettstreit unter den Online-Müttern auszuarten. Mit dem Eintritt ins Schulalter können längst vergessene Bilder jedoch wieder auf der elterlichen Chronik ausgegraben werden. Genau diese Bilder dienen dann vermeintlichen »Freunden« als Vorlage für böse Späße. Ein wenig Bildbearbeitung hier, ein ergänzender Satz da ... schon ist das Gelächter sicher und das Bild wird unzählige Male geteilt.

Und da wir selbst alle einmal Kinder waren, wissen wir, wie grausam sie sein können. Sie sind sich der Tragweite ihres Handelns nicht immer bewusst und können nicht erfassen, wie sehr ein solches Mobbing verletzen kann. Auch hier machen leider immer wieder Fälle Schlagzeilen, bei denen sich Kinder und Jugendliche aufgrund von Mobbing im Internet das Leben genommen haben.

Handelt also im Sinne eurer Kinder und überlegt euch zweimal, was den Weg in euer Profil findet.

Aber nicht nur der vorsichtige Umgang mit Bildern sollte eine hohe Priorität haben. In der Anonymität des Internets warten viele weitere Fallstricke und vor allem: die schlafenden Wadenbeißer.

Dies sind häufig andere Mütter und in manchen Fällen auch kinderlose Frauen. Sie sind in nahezu jeder Gruppe und manchmal sogar in der eigenen Freundesliste. Warten darauf, ihre Fänge in die Nerven einer sich als unwissend outenden Mutter zu schlagen.

Denn musste man früher noch alles mit sich selbst ausmachen oder Verwandte und Bekannte fragen, kann man heute seine Fragen in Foren oder in sozialen Netzwerken posten. Schnell und unkompliziert bekommt man auf diesem Weg guten, aber auch weniger guten Rat.

Mitten in einem bis dato gesitteten Austausch tauchen sie dann plötzlich auf: die Wadenbeißer-Mamis. Sie fallen über die arglose Fragestellerin her, als wäre es ein Kampf auf Leben und Tod. Sie wissen immer alles besser und haben auf alles eine Antwort. Sie beißen sich an jedem Wort fest und legen es auf die Goldwaage, als handle es sich dabei um den Teesatz in der Tasse einer Wahrsagerin. Ohne unser Kind je zu Gesicht bekommen zu haben, stellen sie alles, was wir tun, infrage. Sie sind überzeugt, dass wir schlechte Mütter sind, weil wir die Antwort auf unsere Frage nicht intuitiv aus unserem Mutterherz heraus selbst beantworten können. Sie glauben zu wissen, dass unser Kind entweder verwöhnt ist oder nicht genug Aufmerksamkeit bekommt.

Der Fruchtzwerg wird zum größten Gift, und der Butterkeks führt unweigerlich zu Übergewicht. Kinder, die mit einem Jahr in die Kita gehen, können einfach nicht glücklich sein und werden abgeschoben, weil ihre Eltern lieber arbeiten, statt sich mit dem Kind zu beschäftigen.

Die Liste der bösen und oft unbegründeten Vorwürfe lässt sich beliebig fortsetzen und soll nur eines verdeutlichen: diese Aussagen fallen, obwohl die antwortenden

Personen nur einen winzigen Ausschnitt unseres Lebens kennen. Dennoch treffen sie in ihrer Unbedachtheit mitunter genau einen empfindlichen Nerv und stürzen uns in Zweifel oder machen uns einfach nur unwahrscheinlich wütend. So ging es mir jedenfalls.

Doch was tun?
Lesen und darüber nachdenken, ob die Aussage ein Körnchen Wahrheit enthält?
Rausgehen oder ins Kissen schreien?
Falls es einfach nur dummes Geschwätz ist, sollten wir so wenig wie möglich darauf eingehen und versuchen, diese Person einfach zu ignorieren. Facebook bietet hier die tolle Funktion, Personen zu blockieren, die in einem solchen Fall großzügig genutzt werden sollte. Denn Diskussionen mit solchen Personen sind zumeist sinnlos – je mehr man diskutiert, desto mehr beißen sie sich fest. Die Nerven und Zeit kann man sich also sparen.

Aus dem Nähkästchen:
Ich gehöre zu den Menschen, die beruflich und privat viel im Internet unterwegs sind. Die Möglichkeiten, verhältnismäßig einfach an Informationen zu kommen und sich auszutauschen, sind nahezu unerschöpflich und begeistern mich immer wieder aufs Neue. Dennoch finde ich es er- bzw. abschreckend, wie Mütter bisweilen aufeinander

losgehen.

Gerade in der Anfangszeit, als ich noch wahnsinnig unsicher war, haben mich solche »hingerotzten« Antworten wahnsinnig wütend gemacht. Aber sie haben mich auch verletzt.

Es gab Mütter, die meine Unwissenheit ins Lächerliche zogen, die mich als Person beleidigten oder mir gleich jegliche Kompetenz als Mutter absprachen. Mehr als einmal musste ich ganz bewusst aus solchen Diskussionen aussteigen, da ich mich einfach nicht auf dieses Niveau begeben wollte.

Auch heute begegnen mir solche Gesprächsverläufe immer wieder. Nur dass ich nur noch selten die Fragestellerin bin. Nicht, weil ich keine Fragen mehr hätte, sondern aus reinem Selbstschutz.

Allerdings ist mir aufgefallen, dass dieses Ausnutzen der Anonymität nicht nur auf Mütter beschränkt ist. Vielmehr zieht sich dieses Zurschaustellen fehlender Sozialkompetenz und das Nicht-Zulassen anderer Meinungen durch alle Gruppen. Egal, ob das Thema nun Bücher, Pferde, Kinder oder Haustiere sind. Wo verschiedene Meinungen aufeinander treffen, müssen einige beweisen, dass sie nicht zum Austausch, sondern nur wegen der Schlammschlachten da sind.

Letztendlich gibt es kein gänzlich befriedigendes Mittel, damit umzugehen. Ich habe es mit Argumenten versucht, ich habe es mit Logik versucht - ohne Erfolg. Daraufhin habe ich die Gruppen verlassen bzw. aufgehört, dort zu schreiben, wo mir der Umgangston nicht gepasst hat. Auch blockiere ich manche Zeitgenossen. Dennoch tauchen sie immer wieder auf, so sicher wie Pickel vor einem ersten Date. Dann heißt die Devise: Ignorieren und hoffen, dass sich auch sonst niemand weiter damit aufhält. Meine Zeit ist mir zu schade, um mir von Leuten die ich nicht kenne, den Tag verderben zu lassen.

Fazit:
Nutzt das Internet mit Bedacht und hütet euch vor den Wadenbeißern.

Freundschaften mit Kinderlosen

Habt ihr gewusst, dass für fast 80 % der Deutschen die
Familie an erster Stelle steht? (14)
Nein, mich wundert das auch nicht. Geht es mir doch, wie
euch wahrscheinlich auch, genauso. Dennoch war der
Schritt weg vom Freundeskreis und hin zur eigenen
Familie eine ziemlich nervenaufreibende und mitunter
schmerzhafte Sache.

Konnte man vorher mit der besten Freundin auch mitten
in der Nacht über alles reden, so sind in den ersten Monaten mit Kind die Gespräche mit Erwachsenen dünn gesät.
Zudem beschränken sie sich zumeist auf den Partner und
die Familie. Natürlich finden wir gerade in anderen Müttern gute Freundinnen, dennoch ist es manchmal
deprimierend, wenn eine jahrelange vermeintliche
»Seelenverwandtschaft« im Sande verläuft.
Manchmal ist es eben ziemlich hart, in der Realität anzu-
kommen.
Dass alte Freundschaften mehr als nur einen leichten
Knacks abbekommen, mag auch daran liegen, dass es für
Kinderlose bereits sehr anstrengend sein kann, mit uns
rotierenden Glucken auch nur zu telefonieren. Denn zwischen Kind und Kegel kommt nur noch ein Bruchteil der

Aufmerksamkeit am anderen Ende der Telefonleitung an. Das ständige Wiederholen des Wortes »Nein, ...« mit verschiedenen Anhängen, Tonlagen und Lautstärken macht es für den anderen auch nicht besser. Auch der Versuch, das Kind zu überbrüllen, macht das Telefonieren kein Stück angenehmer.

Der Herzschmerz, das Neuste aus dem Job oder das wunderschöne paar Schuhe, von dem unbedingt erzählt werden müsste, geht dann spätestens neben der vollen Windel unter.

Zusammengefasst: Wir Mütter sind, solange ein Kind im Raum ist, so brauchbar wie ein Anrufbeantworter ...

Beim späteren »Abrufen« des Gesprochenen wird uns zwar sicher einiges einfallen, aber letztendlich geben wie keine richtigen Antworten und unsere Sätze sind recht einsilbig. Und bevor das Wesentliche überhaupt auf den Tisch gebracht werden kann, ist der »Speicher« - oder eben die Windel - voll und das Gespräch wird beendet.

Selbst der Versuch, ein solches Gespräch auf die Abendstunden zu verlegen, endet nicht selten darin, dass dem Mama-Part vor Müdigkeit die Augen zufallen und der Dialog, schnell zum Monolog wird. Zudem sind die Gemeinsamkeiten im Alltag nur noch verschwindend gering, was die Gesprächsthemen weiter einschränkt.

Traurig aber wahr: Die »Seelenverwandten« haben sich

plötzlich einfach nichts mehr zu sagen, weil sie in vollkommen verschiedenen Welten leben.

Daher gibt es in meinen Augen fast nichts, abgesehen vielleicht von einem Umzug an das andere Ende des Landes, was Freundschaften mit Kinderlosen so sehr auf die Probe stellt, wie ein Kind.

Denn wie sieht es denn auf den verschiedenen Lebensbahnen so aus?

Meine kinderlosen Freundinnen und Freunde schlagen sich die Nächte in Bars, Diskotheken oder vielleicht auch nur beim Spiele- oder DVD-Abend um die Ohren. Es wird spontan gegrillt oder sich einfach irgendwo getroffen, um einen Kaffee zusammen zu trinken. Am nächsten Tag gibt es dann die passenden Bilder mit den Verlinkungen der illustren Truppe online.

Ich verbringe die Nächte mit meinem Kind auf dem Arm und Kinderlieder summend, im verzweifelten Versuch, wach zu bleiben oder im Halbschlaf auf der Couch neben meinem Mann. Selbst an normalen Abenden bin ich froh, wenn ich um 23:00 Uhr im Bett bin und einfach durchschlafen darf. Denn wenn es blöd läuft, ist die Nacht vorbei, sobald der Morgen graut.

Zudem bin ich mit Kind so spontan, wie eine Schildkröte beim Winterschlaf. Bevor nicht alles passt, komm ich halt nicht aus dem Haus, erst recht nicht, um mal kurz irgendwo Kaffee zu trinken. Alleine das Duschen hat mich im ersten Jahr schon minutiöse Planung gekostet, und da hatte ich im Anschluss noch nichts Straßentaugliches an.

Trotz allem sehe ich mir manchmal die Bilder dieser bestimmt spaßigen Veranstaltungen mit etwas Wehmut an. Ob es Masochismus ist oder einfach die fünf nostalgischen Minuten sind, wenn ich noch indirekt am Leben der Kinderlosen teilhabe, sei dahingestellt.

Vor Mann und Kind war ich jene Kandidatin, bei der man auch morgens um 3 Uhr Herzschmerz-geplagt vor der Tür stehen konnte. Auch anschließenden Gesprächen bis zum Sonnenaufgang, um Theorien über den Sinn und Unsinn des Lebens aufzustellen, war ich nicht abgeneigt.

Heute würde ich wahrscheinlich jeden erschießen, der mich um diese Zeit aus dem Bett klingelt und meinen spärlichen, aber wohlverdienten Schlaf noch weiter verringert.

Durchfeierte Nächte treffen also auf Kindergeschrei, Konzerte auf Windelgeschichten. Das mag zwar bei Männerfreundschaften funktionieren, die zusammen ins Fitnessstudio, zum Klettern oder zum Billardspielen gehen. Kurz gesagt: Freundschaften, die auf gemeinsamen Interessen aufbauen. Aber Freundschaften unter

Frauen leben nicht allzu lange von Nagellack, Friseur-besuchen oder einseitigen Windelmonologen.

Wenn ich mich, bevor meine Tochter auf die Welt kam, mit einer Freundin getroffen habe, dann weil ich ihr auch etwas erzählen wollte, oder sie mir. Da konnte die neue Zicke im Büro zum Staatsfeind Nr. 1 werden, oder der neue Nachbar wurde vom Scheitel, über die Breite seiner Schultern bis zum Schuhwerk genau analysiert. Die Themen konnten vermeintlich belanglos sein, trotzdem wusste man genau, dass die andere Person einen einfach verstanden hatte.

Heute ist es so, als würden wir auf unterschiedlichen Planeten leben und vollkommen unterschiedliche Sprachen sprechen. Schaffe ich es dann einmal, mit einer dieser Freundinnen einen Termin zu finden, ist die Vorbereitung meistens schon dermaßen stressig, dass der Tag für mich gelaufen ist, bevor ich die Kaffeetasse auch nur an die Lippen setzen kann.

Es gibt Freundschaften, die diese Phase überleben, weiterbestehen und daraus gestärkt hervorgehen. Manche überleben es nicht. Über letztere sollte man sich nicht allzu viele Gedanken machen. So geht es allen Müttern. Es liegt nicht an uns oder daran, dass wir etwas falsch machen, sondern daran, dass wir uns in vollkommen unterschiedlichen Lebensphasen befinden und manche Freundschaften dieser Kluft nicht standhalten.

Daher bleibt oft nicht viel mehr übrig, als darauf zu vertrauen, dass irgendwann alles wieder leichter und besser wird.

Aber als wäre es nicht schon schwer genug für mich, an dieser Hoffnung festzuhalten und darauf zu warten, dass die Zeit vergeht. Nein, dann begegne ich gerade, wenn es mich dann doch besonders fuchst, einer anderen Mami, die es scheinbar spielend leicht schafft, genau dieses kleine Kunststück zu meistern. Sie trinkt Kaffee mit der Freundin, geht nach dem ersten halben Jahr abends wieder weg. Sie nimmt sich ihre Auszeit vom Nachwuchs und die Zeit für ihren Freundeskreis.

Herzlichen Glückwunsch zu dem Rückhalt durch die Familie, den Partner und gegebenenfalls einen passenden Babysitter!

Wer sich jetzt denkt »Die ist ja nur neidisch!«, der hat nicht ganz unrecht.

Ja, es ist nicht ganz von der Hand zu weisen, denn natürlich wünsche ich mir gelegentlich eine Auszeit. Die ersten Jahre im Leben eines Kindes können sehr lang werden, wenn man die Abende fast ausschließlich zu Hause verbringt.

Natürlich würde ich gerne einfach mal abschalten und ein

klein wenig von der Zeit vor dem Nachwuchs wieder auf-
leben lassen. Ich gehe auch davon aus, dass ich nicht die
Einzige mit solchen Gedankengängen bin. Als Mutter
habe ich jedoch meine Prioritäten gesetzt.

Für mich bedeutet das: Ich bin für mein Kind da, solange
es mich braucht. Tagsüber, nachts und auch morgens um
4 Uhr, wenn der Zahn drückt oder der Pups quer sitzt.
Das ist meine Aufgabe, die ich mir mit meinem Mann
teile, aber mit sonst niemandem.

Unser Kind, unsere Verantwortung.

Wenn mich das zu einer Glucke macht, auch in Ordnung.

Versteht mich nicht falsch, natürlich gebe ich meine
Tochter auch in die Obhut anderer Menschen. Ich ver-
traue dem wachsamen Auge von Oma, Opa, aber auch
den Kita-Betreuerinnen. Anders wäre vieles nicht möglich. Aber ich gebe sie nicht irgendwo ab, um mir ein
Stück vermeintliche Freiheit zurück zu holen.

Und »Freunde«, die nicht verstehen, dass man in dieser
unwiederbringlichen Zeit lieber eine Kinderhand hält als
eine Bierflasche, verdienen die Bezeichnung nicht.

Natürlich ist es manchmal hart, und manches trifft einen
wie ein Schlag auf den Hinterkopf. Als uns nach fast 2
Jahren Elterndasein ein guter Bekannter abends besuchen
kam und mir statt eines Sixpacks Bier einen Strauß

Blumen überreichte, wurde es mir jedoch erst vollkommen bewusst: Dein altes Leben ist für immer vorbei. Jetzt bist du halt Mutter ...

Gut, aufgrund meines etwas entsetzten Blickes hat er hoch und heilig versprochen, dass er sowas nie, nie wieder macht. Trotzdem war das der unwiederbringliche Augenblick, in dem mir klar wurde, dass auch, wenn ich mein soziales Leben wieder aufnehme: so wie früher wird es einfach nicht mehr werden. Und ich möchte mein altes Leben auch nicht wieder.

Natürlich vermisse ich einige Freundinnen wahnsinnig, weil sie so lange eine feste Größe in meinem Leben waren. Aber das ist das Schöne an guten Freundschaften: Man muss nur etwas warten, denn wenn die Wertschätzung beiderseits die gleiche ist, findet sich alles Weitere auch wieder.

An die Menschen, die es nicht mehr in unser Leben schaffen, sollten wir uns zwar, genau wie an die schönen, gemeinsamen Zeiten, erinnern, wir sollten uns jedoch selbst keine Vorwürfe machen. Es ist normal, sich auseinander zu entwickeln, und die richtig guten Freundschaften sind selten und daher mit umso mehr Wertschätzung zu behandeln.

Aus dem Nähkästchen:

Am liebsten sind mir, wie ihr sicherlich schon bemerkt habt, Diskussionen mit Kinderlosen. Vor allem kinderlosen Männern, die alles besser wissen.

Ich habe da so ein ganz spezielles Exemplar in meinem Freundeskreis, das ich nicht missen möchte. Nachdem er mich schon einige Jahre kennt, hat er natürlich in einem etwas sentimentalen Moment zielsicher meine Achillesferse gefunden. Eigentlich wollte ich mich bedanken, dass wir es mit einiger Energie schaffen, unsere Freundschaft zu erhalten, obwohl wir uns in zwei vollkommen unterschiedlichen Lebensphasen befinden.

Aus dem Versuch, ihm zu danken und ihm zu erläutern, dass das für mich eben nicht selbstverständlich ist, wurde jedoch schnell eine Diskussion. Er verstand nicht, warum ich mein Kind jeden Abend selbst ins Bett bringe, statt mal wieder weg zu gehen, und warum mir dieses Ritual wichtiger ist als so manche Freundschaft.

Das darauf folgende Gespräch verlief etwas hitzig. Dennoch hat mich diese Diskussion zu diesem Kapitel inspiriert. Denn er erzählte mir von einer Supermami aus seinem Freundeskreis, die genau dies mühelos schafft. Das Kind schläft bei den Großeltern und sie nimmt sich Zeit für ihren Freundeskreis.

Natürlich hätte ich gern argumentiert, dass so doch nur

eine Rabenmutter handelt. Aber, obwohl ich sie nur flüchtig kenne, glaube ich nicht, dass sie eine schlechte Mutter ist. Sie hat nur einfach viel Rückhalt in der Familie, und ein Kind, bei dem es eben funktioniert. Vielleicht hat sie auch nicht den Anspruch an das Mutterdasein, den ich mir selbst auferlegt habe. Also sollte ich mein Problem nicht zu ihrem machen.

Ich habe mich nach diesem Gespräch jedoch hundeelend gefühlt.

Mache ich etwas falsch?

Bin ich einfach eine Glucke?

Nach viel Grübelei kam ich letztendlich zu dem Schluss, dass gute Freundschaften auch ein Kind aushalten. Und die Freundschaften, bei denen ich zwischen der Person und meinem Kind wählen muss, möchte ich eigentlich gar nicht erhalten.

Ich bin Mama, und für mich bedeutet das, dass ich für einen gewissen Zeitraum auf manches verzichte. Dafür gebe ich meinem Kind etwas sehr Wichtiges mit auf den Weg: Vertrauen und das Gefühl, dass ich jederzeit für es da bin.

Und so lange gibt es eben Grillabende bei uns und Filmabende auf unserer Couch.

Etwas neugierig bin ich allerdings schon, wie es meinem kinderlosen Freund ergehen wird, wenn er selbst einmal Vater wird. Ob er solche Mamis dann auch noch so super findet?

Fazit:

Nichts trennt die Spreu vom Weizen innerhalb des Freundeskreises mehr als ein Kind. Pflege die Freundschaften, die es wert sind, und vergiss die anderen.

Kita oder Betreuung zu Hause

Es gibt verschiedene Gründe, warum wir unseren Nachwuchs in die Kita geben. Wir brauchen Zeit für uns. Bei Einzelkindern dient die Kita auch mal als Ersatz für den Sozialkontakt zu Geschwistern. Der jedoch wohl wesentlichste und häufigste Grund lautet schlicht und ergreifend: Geld.

Je nach Region ist es heute nur noch sehr schwer möglich, von nur einem Gehalt zu leben. Ich lebe in München und weiß, wovon ich spreche.

Die Suche nach einer guten und bezahlbaren Kita in der Nähe kam mir persönlich vor wie die Suche nach passender, tragbarer Unterwäsche am Wühltisch. Es grenzt an ein Wunder, dass ich mir vor lauter Frust nicht alle Haare ausgerissen habe. Ebenso staune ich noch heute darüber, dass ich bei der gefühlten 100. Absage nicht anfing, unkontrolliert am Telefon zu fluchen.

Ich war gegen Ende der Elternzeit fast verzweifelt genug, meine Seele zu verpfänden, wenn dann nur endlich ein Lichtstreifen am Horizont aufgetaucht wäre. Entsprechend dankbar und erleichtert war ich, als ich dann endlich etwas Passendes gefunden hatte.

Ich war so perplex, als endlich mal kein »Nein, wir haben

nix mehr frei.« kam, zudem war mir die Frau am anderen Ende der Leitung sogar sofort so sympathisch (was ebenfalls eher Seltenheitswert hat), dass mir auf die Einladung zur Besichtigung ein total dämliches »Im Ernst?« rausrutschte.

Aus heutiger Sicht etwas peinlich, sorgte es in diesem Moment doch für allgemeine Erheiterung.

Ich glaube, man hörte den Stein, der mir von der Brust rollte, bis nach Berlin aufschlagen, als sich alles als passend herausstellte, denn die ganze Zeit hing das Damoklesschwert über mir: ohne Kita-Platz keine Arbeit.

Finanziell wäre das einem Desaster gleichgekommen. Verständlicherweise hat mir das auch mehr als eine schlaflose Nacht beschert und mir ziemlich deutlich gemacht, warum viele Paare einfach keinen Bock drauf haben. Diese Zeit hat mich mit Sicherheit spontan um 10 Jahre altern lassen ...

Nachdem diese Hürde aber endlich gemeistert war, folgte wenige Wochen später schon die Eingewöhnung.

Auch wenn ich mir im Klaren darüber war, dass es für mich die Alternative des Zuhause-Betreuens nicht wirklich gab, machte ich mir die Entscheidung nicht leicht. Als der Tag des ersten Beschnupperns dann kam, hatte ich daher mit wahnsinnig vielen Gedanken und Sorgen zu kämpfen.

War das wirklich der richtige Weg?

Gab es nicht doch eine Alternative?

Ein kleiner Teil von mir warf sich imaginär heulend auf den Boden und schrie in meinem Inneren laut: Ich will nicht!

Jetzt hatte ich endlich einen Platz und war eine riesige Sorge los, da meldete sich prompt mein Mutterinstinkt und malträtierte mich.

Was für ein Mist ...

Aus heutiger Sicht waren viele Befürchtungen unbegründet, doch damals schrie mein Mutterherz laut auf, als klar war, dass ich nicht mehr 24 Stunden am Tag über mein Kind wachen konnte. Mein Magen zog sich bei dem Gedanken zusammen, dass ich den wichtigsten Menschen in meinem Leben in fremde Hände geben würde. Es war nicht leicht, und ich verstehe die Mütter, die diesen Schritt nicht gehen können und das Privileg einer Wahlmöglichkeit haben.

Natürlich ist es beruhigend, dass neue Studien zeigen, dass der frühe Besuch einer Kita viele positive Auswirkungen auf Kinder hat. Dennoch hätte auch dieses Wissen meine damalige Achterbahn der Gefühle nur wenig beeinflusst. Bei jedem Kinderweinen stellten sich meine Nackenhaare auf. Ich sah die Kita-Sprösslinge schon vor meinem geistigen Auge in Abwesenheit der

Eltern den ganzen Tag Teppiche knüpfen, Fußböden schrubben und weinend in der Ecke sitzen. Zusammengefasst, ich fühlte mich wie eine Rabenmutter.

Die Realität sah natürlich bei weitem anders aus: Singen, Tanzen, Basteln, Spielen, ein Mittagessen, bei dem ich mich gerne mehr als einmal selbst eingeladen hätte, und dann ein gemütliches Mittagsschläfchen.

Bei näherer Betrachtung wäre ich eigentlich auch gerne noch mal in der Kita.

Trotz meiner eigenen Eindrücke und Erfahrungen beruhigen meine Nerven aber auch folgende Untersuchungsergebnisse unter 4000 Kindern: Je früher Kinder in eine Fremdbetreuung kamen, desto niedriger war das Risiko für eine psychische Störung. Vorausgesetzt, die Kinder waren nicht jünger als ein Jahr. Oder umgekehrt: Die Wahrscheinlichkeit für psychische Auffälligkeiten bei Kindern, die erst mit drei oder vier Jahren in eine Kita kamen, war doppelt so hoch.

Das Ergebnis ist übrigens unabhängig von den sozialen Schichten. Die positiven Effekte treten bei Alleinerziehenden wie bei verheirateten Paaren auf. Ebenso gibt es keine Unterschiede bei Schulabschluss oder Ausbildung der Eltern. (19)

Letztendlich war jedoch zu diesem Zeitpunkt nicht meine Tochter noch nicht bereit loszulassen, sondern ich. Auch eine Erkenntnis, die erst mal im Kopf ankommen muss ... Die heutigen Kitas sind aufgrund ihrer Strukturen eher wie moderne Großfamilien, in denen Kinder viel lernen können und optimal beschäftigt werden. Dennoch kämpft ganz klar der Kopf mit dem Bauch, Daten mit dem Mutterinstinkt. Gerade beim ersten Kind ist es umso schwerer loszulassen.

Ein Wermutstropfen der Fremdbetreuung ist natürlich, dass die Betreuer/innen immer noch viel zu schlecht bezahlt werden und auch der Betreuungsschlüssel häufig zu wünschen übriglässt. Gerade einmal 10 % der Krippen und Kitas wird in Deutschland eine gute Qualität bescheinigt. (20) Das Ost-West-Gefälle ist hier auch noch sehr deutlich. In den westlichen Bundesländern kommen auf eine Erzieherin 3,6 Kita-Kinder, in den östlichen sind es 6,1. Pro Kindergartenplatz sind es im Osten sogar 12,4 und im Westen 8,9 Kinder, was gerade beim Wiedereinstieg in den Beruf das schlechte Gewissen der Mütter weiter nährt. Die wenigsten können auf das Rundumsorglos-Paket in Form von privaten Einrichtungen zurückgreifen, denn wer soll das finanzieren? Schnell geht in einem solchen Fall frau nämlich nur arbeiten, um die Fremdbetreuung zu finanzieren.

Berufstätige Mütter haben es einfach nicht leicht. Wo sie sich auch hinwenden, wartet Kritik. So sind 56 % der

Deutschen im Westen und 34 % im Osten der Meinung, dass Kinder bis zur Vollendung des zweiten Lebensjahrs, also dem Kindergartenalter, von ihren Müttern betreut werden sollten. (11)

Auch wenn in Großstädten bei weitem weniger Menschen diese Einstellung kundtun, gerät man doch immer wieder mal an einen solchen Spezialisten. Einer, der einfach nicht die Klappe halten kann. Dies kann von einem »Findest du das nicht etwas zu früh?«, bis hin zu »Wie kannst du das nur machen, hast du dein Kind nur, um es abzuschieben?«, reichen. Dabei ist es häufig vollkommen egal, dass man keine große Wahl hat, möchte man nicht vom Staat leben.

Vielleicht sollten wir uns hier an das Kapitel »Gute, oder auch weniger gute Ratschläge« zurückerinnern und versuchen, nicht mit wüsten Beschimpfungen zu reagieren.

Ja es ist schwer, ich weiß ...

Aber bei nicht vollständig beratungsresistenten Menschen helfen Argumente, denn die Wahlmöglichkeit ist häufig ein Luxus, den sich nicht alle Eltern leisten können. Rechnungen müssen bezahlt werden, denn von Luft und Liebe lässt sich nicht leben. Gerade wenn ein zweites Kind in Planung ist, benötigt man vorab das Vollzeitgehalt, damit im Anschluss das Elterngeld auch über die zweite »Auszeit« reicht. Und sollte dann doch der Satz kommen »Warum bekommst du dann Kinder?«, kann man immer noch antworten: »Ich bin so egoistisch und möchte, dass später jemand meine Rente zahlt.« oder »Ein Hund hat mir einfach nicht gereicht.«.

Doch auch die Mütter, die ihre Kinder zu Hause betreuen, müssen sich warm anziehen. Denn gerade berufstätige Mütter, die sich selbst jede Kritik verbitten, sparen hier nicht an derselbigen. Wohl nicht selten, um ihre eigene Entscheidung nicht infrage stellen zu müssen. Dass unter den Hausfrauen aber auch Mütter sind, die gerne arbeiten gehen würden, wird schlichtweg überhört. Wenn die nächste potentielle Arbeitsstelle jedoch 30 km entfernt ist, man ohne Arbeit keinen Kita-Platz bekommt, ohne Kita-Platz aber auch keine Arbeit, beißt sich die Katz' in den Schwanz.
Ebenso ist für manche Kinder eine Fremdbetreuung schlicht unmöglich. Für sie ist in den ersten Lebensjahren ein Tag ohne ihre Mutter undenkbar und würde eine unzumutbare Belastung darstellen.

Aber das Herabsehen auf die »faulen Hausfrauen« ist nur allzu leicht, stärkt es doch das Ego der Damen, die ja trotz Beruf noch alles regeln müssen. Schnell wird das Klischee der bequemen, anhänglichen Glucken hervorgezogen und sich selbst darüber profiliert. Selbst wenn diese Mütter für sich und ihre Kinder das beste Modell gewählt haben.

Es ist nichts Verwerfliches daran, die ersten Jahre ganz bewusst mit seinem Kind verbringen zu wollen! Wenn wir die Arbeit der Kinderbetreuer/innen so hoch loben und alle einsehen, dass diese eindeutig mehr Gehalt verdienen, warum wird die gleiche Leistung bei Müttern, die zu Hause betreuen, abgewertet? Denn dieser Job zu Hause bedeutet permanente Bereitschaft seitens der Mutter, 24 Stunden täglich, 7 Tage die Woche!

Nur weil etwas nicht unserer eigenen Lebensweise entspricht, sollten wir dennoch Akzeptanz, wenn nicht gar Verständnis für die andere Seite aufbringen!

Aus dem Nähkästchen:
Wer schon einmal versucht hat, in München einen Kita-Platz zu finden, weiß: Das Telefon läuft heiß, die Ohren bluten und manchmal könnte man vor lauter Frustration ins Kissen beißen und schreien.

Als ich endlich einen Platz gefunden hatte, der nicht am anderen Ende der Stadt lag, wurde ich prompt von neuen Ängsten befallen. Diese hatten sich vorher dezent im Hintergrund gehalten, oder ich hatte sie verdrängt, wie man es nimmt.

Würde der Mittagsschlaf klappen?

Würden die Betreuerinnen nett sein?

Würde meine Tochter gerne in die Kita gehen?

Am ersten Eingewöhnungstag schlug mir das Herz bis zum Hals, und natürlich übertrug sich das umgehend auf meine Tochter.

In den nächsten Tagen und Wochen habe ich jedoch festgestellt, dass, je entspannter ich an die Sache ranging, desto gelassener mein Kind war.

Während des ersten Kaffees in der Bäckerei gegenüber hat mein Blick am Handy geklebt wie Kaugummi an der Schuhsohle, in Erwartung des »Code-Red«-Anrufs.

Beim ersten Einkaufen habe ich meinen Mann fast in den Wahnsinn getrieben - was wäre, wenn die Kita genau dann anruft, wenn wir mit vollem Einkaufswagen an der Kasse stehen?

Eine Katastrophe!

Ich rechne es ihm und seiner Selbstbeherrschung noch heute hoch an, dass er mich nicht erwürgt hat ...

Sie haben natürlich nicht angerufen. Denn mein Spross war und ist begeisterte Kita-Gängerin.

Das Problem ist heute vielmehr, sie dort wieder raus zu bekommen.

Natürlich musste ich mich einigen Diskussionen stellen. Da mein Kind jedoch die Kita liebt, hat sie dafür gesorgt, dass sich mein schlechtes Gewissen in Luft aufgelöst hat. Zudem viel mir die Argumentation mit der Zeit recht leicht, und ich würde es jederzeit wieder so machen. Nur eben viel entspannter.

Dennoch weiß ich, dass nur, weil dieses Modell für mich und meine Tochter funktioniert, dies nicht für andere Mütter gelten muss. Manche Kinder benötigen eben länger, um ihr geborgenes Nest zu verlassen, als andere, und es steht weder mir noch anderen zu, darüber zu urteilen.

Fazit:

Jedes Kind, jede Mutter ist unterschiedlich, und so individuell muss auch die Frage der Betreuung angegangen werden. Keine Mutter, die das Beste für sich und ihre Familie möchte, sollte deswegen verurteilt werden.

Fazit

Ich glaube, jedem ist mittlerweile bewusst, dass etwas von einer Supermami, so sehr wir sie auch manchmal verdammen, in uns steckt - auf jeden Fall zumindest die Ambition dazu.

Wir wollen für unsere Kinder, unsere Partner und für uns das Beste und wenigstens ein klein wenig perfekt sein. Das mag auch daran liegen, dass wir von unserer heutigen Gesellschaft permanent unter Druck gesetzt werden, wie wir als Mütter zu sein haben. Egal, ob Presse, Freunde oder Familie: Jeder hat ein genaues Bild davon, was eine gute Mutter ausmacht.

Wir selbst sind da keine Ausnahme.

Nur sind die Ansprüche, die wir und andere stellen, ebenso individuell, wie die Menschen und ihre Kinder selbst.

Es liegt in unserer Natur, unser eigenes Wertesystem verteidigen zu wollen. Doch sollten wir nicht aus den Augen verlieren, dass dies eben nicht für alle gelten muss.

In vielerlei Hinsicht ist der Umgang mit dem eigenen Kind eindeutig eine Glaubensfrage, und diese hat bekanntlich schon seit Menschengedenken Kriege ausgelöst. Doch nicht im Krieg gegeneinander liegt der Fortschritt, sondern im Zuhören und im Erklären.

Weder die eine, noch die andere Fähigkeit ist jedem gegeben. Dennoch liegt nur darin die Möglichkeit, Neues zu erlernen und über sich selbst hinauszuwachsen.

Zudem sollten wir daran denken: NIEMAND ist perfekt.

Jede von uns hat einmal einen schlechten Tag. Jede von uns erhebt einmal die Stimme, genießt die fünf Minuten Ruhe beim Aufräumen oder Putzen, wenn das Kind seine Lieblingsserie im Fernsehen anschaut. Wir werden kreativ, um Situationen zu meistern - und wenn es nur das ist, dass der Nachwuchs einmal 2 Minuten das Tablet in die Hand bekommt, damit er beim Zähneputzen nicht brüllt und auf der Zahnbürste herum kaut. Andere schütteln vielleicht den Kopf, doch wir müssen für uns selbst entscheiden, was funktioniert und für uns alle das Beste ist. Denn wir müssen nicht für andere eine Supermami sein, sondern für uns und unsere Kinder eine gute Mutter.

Von daher:
Liebe Supermami, du kannst mich mal!
Es ist mein Kind, mein Leben und meine Entscheidung –
egal, was andere darüber denken!

Nachwort

Erst einmal: Danke!

Mir ist bewusst, dass ich mit diesem Buch nicht alle Meinungen und Geschmäcker treffen kann. Ich möchte dir jedoch danken, dass du es legal erworben hast und dir die Zeit genommen hast, es bis zu Ende zu lesen.

Dieses Buch enthält neben diversen Statistiken überwiegend meine eigene Meinung und Erfahrung. Gerade was die Themen Stillen, Schlafen, Kita und auch Gewalt in der Erziehung angeht, weiß ich, dass diese Kapitel überwiegend meinem Blickwinkel entsprechen, den bei weitem nicht alle Mütter teilen. Natürlich gibt es für die angefügten Statistiken bestimmt auch unzählige Quellen, die meine angebrachten Daten widerlegen. Daher muss sich auch mit Sicherheit keiner dazu genötigt fühlen, alles hier Wiedergegebene als unumstößliche Wahrheit anzusehen und meine Meinung zu seiner zu machen.

Das möchte ich auch gar nicht.

Du bist ein Individuum und sollst es auch bleiben. ^_°

Deine Meinung interessiert mich aber und natürlich viele andere Leser. Daher wäre es super, wenn du dir die Zeit nimmst, das Buch zu bewerten.

Natürlich freue ich mich auch über dein persönliches Feedback. Egal, ob als Nachricht über Facebook (facebook.com/JuliaAKris) oder per E-Mail (kontakt@julia-a-kris.de), nur her damit!

Viele liebe Grüße
Julia

Danksagung

Es gibt eine ganze Menge Menschen, denen ich »Danke« sagen möchte, einfach weil sie an mich geglaubt haben und dies jeden Tag aufs Neue tun:

Als erstes natürlich meinem Mann, der mich unterstützt, wo er nur kann.
Dann auch meiner Tochter, die das zwar noch nicht lesen kann, aber die einfach mein Leben so umgekrempelt hat, dass ich überhaupt wieder zum Schreiben kam.

Meiner Schwiegermama, die mir mit jeder Menge Lektüre, Erfahrung und einem immer offenen Ohr zur Seite gestanden hat. Mit ihr kann man einfach wunderbare Gespräche führen und ich möchte sie nicht missen.

Der lieben TaTi, du weißt ja: Wir sind eins. Danke für deine Unterstützung, deine investierte Zeit und deine Kritik. Du bist wunderbar, genau so, wie du bist.

Dann möchte ich noch meinen persönlichen tollsten Mamas der Welt danken: Michaela, Nadja, Ons und auch Annette. Ihr habt mich mit Schlafentzug und Schlabberklamotten ertragen, habt meine Ängste mit mir geteilt und mir gezeigt, dass auch nach der schlimmsten Nacht ein guter Tag auf einen warten kann. Ihr habt mir aber vor allem immer das Gefühl gegeben, nicht alleine zu sein. Ihr macht die langen Tage und durchwachten Nächte um ein Vielfaches erträglicher, weil ich mit euch über alles reden kann. Danke!

Und zum Schluss - last but not least - möchte ich mich auch noch bei der »Tante Kanne« bedanken. Danke, dass du immer für mich da warst, an mich glaubst und mir dadurch mehr als einmal Flügel verliehen hast.

Über die Autorin

Julia wurde 1983 in Mühlacker geboren und verbrachte die ersten Jahre ihres Lebens im schönen Baden Württemberg.

Man kann nur von Glück reden, dass sie mittlerweile zwar noch den Dialekt beherrscht, aber Gott sei Dank nicht mehr schreibt. Diese Dialektverbundenheit hat gerade in den ersten Schulklassen ihre Lehrer mehr als einmal zur Verzweiflung getrieben.

In den folgenden Jahren lebte sie an den unterschiedlichsten Flecken Deutschlands und genoss das Nomadenleben. Dabei ist ihr gerade Trier, der Heimatort ihrer Eltern, besonders ans Herz gewachsen, wo sie mehrere Jahre verbrachte und auch heute noch gerne ihre Zeit verbringt.

Nach ihrer Ausbildung zur Medienassistentin lebt sie seit 2005 in München. Dort ist sie mittlerweile mit Kind, Mann und Hund sesshaft geworden und fühlt sich bei den Bayern heimisch. Obwohl sie nicht gerade eine begeisterte Wiesn-Gängerin ist, steht ein Schritt zur weiteren Integration in ihre Wahlheimat ganz weit oben auf ihrer To-Do-Liste für 2016: Das erste Dirndl.

Bereits von klein auf teilte sie die Liebe ihrer Mutter zu Büchern. »Ronja Räubertochter« und »Die kleine Hexe« begleiteten sie durch ihre frühe Kindheit und gehören auch heute noch zu ihren Lieblingsbüchern.

Später begann sie, selbst Geschichten und Gedichte zu verfassen, ließ diese aber in ihren Notizbüchern. Auch heute stehen noch einige von ihnen in ihrem Bücherregal und werden in besonders sentimentalen Momenten hervorgezogen.

Wie vieles blieb die Liebe zum geschriebenen Wort jedoch bei den Kinderträumen zurück, als sie ins Arbeitsleben startete. Erst mit der Geburt ihrer Tochter kam sie wieder zu dieser Leidenschaft zurück und hat für sich beschlossen, dass manche Kindheitsträume durchaus die Chance verdienen, gelebt zu werden und es nie zu spät ist, nach den Sternen zu greifen.

Quellen

(1) http://www.welt.de/gesundheit/article123432872/Wo-die-Spontangeburt-zur-exotischen-Ausnahme-wird.html

(2) http://www.emma.de/artikel/wie-natuerlich-muss-es-denn-sein-318467

(3) Bundesgesundheitsblatt - Gesundheitsforschung - Gesundheitsschutz 7 · 2014 / Basiserhebung des bundesweiten Kinder-und Jugendgesundheits- survey (KiGGS)

(4) http://www.bmi-kind.de

(5) Statistiken nach Färber (1985), Wolke (1994) und Kast-Zahn und Morgenroth (1995)

(6) ELTERN-Umfrage (Ausgabe 1/2010). Meinungsforschungsinstitut forsa

(7) http://www.elternwissen.com

(8) http://geborgen-wachsen.de/2012/09/07/wenn-babys-schreien-gelassen-werden-was-passiert-in-babys-korper/

(9) AOK-Familienstudie 2014 - Forschungsbericht des SINUS-Instituts

(10) von ELTERN in Auftrag gegebenen Forsa-Umfrage 2014

(11) IfD Allensbach; 2015

(12) Studie des Softwareherstellers AVG

(13) http://www.welt.de/vermischtes/article145344099/Entfuehrer-informierten-sich-per-Facebook-ueber-Anneli.html

(14) Deutschland; IfD Allensbach; 2013

(15) Deutschland; Eltern; Forsa; 10. bis 24. November 2011

(16) Die geprügelte Generation, von Ingrid Müller-Münch

(17) Lutherbibel 1912

(18) Deutschland: IfD Allersbach

(19) http://www.stern.de/familie/kinder/exklusive-studie--ein-frueher-kita-besuch-haelt-kinder-psychisch-gesund-6355106.html

(20) http://nifbe.de/component/themensammlung/item/384

(21) http://www.welt.de/politik/deutschland/artic-le145549605/Wo-Kleinkinder-am-schlechtesten-betreut-werden.html?

(22) http://www.handelsblatt.com/unternehmen/handel-konsumgueter/deutscher-kosmetikmarkt-wachstum-trotz-make-up-rueckstand/11549350.html

(23) http://www.pinkmelon.de/magazin/so-pflegen-und-schminken-sich-deutschlands-frauen.html (20) http://nifbe.de/component/themensammlung/item/384

(21) http://www.welt.de/politik/deutschland/artic-le145549605/Wo-Kleinkinder-am-schlechtesten-betreut-werden.html?

(22) http://www.handelsblatt.com/unternehmen/handel-
konsumgueter/deutscher-kosmetikmarkt-wachstum-trotz-
make-up-rueckstand/11549350.html
(23) http://www.pinkmelon.de/magazin/so-pflegen-und-
schminken-sich-deutschlands-frauen.html

Eine Autorin mit Pferdeverstand: Celeste Drake

Wer mich kennt, der weiß, dass mir die Bücher von Celeste Drake besonders am Herzen liegen. Daher möchte ich hier auch noch zwei Buchempfehlungen aussprechen:

ISBN: 978-3-7347-7697-7   ISBN: 978-3-73478102-5